एक सच्ची प्रेम कथा

एमिली और सुभाष

एक सच्ची प्रेम कथा

एमिली और सुभाष

एक ऑस्ट्रियाई युवती
और भारतीय क्रांतिकारी के अनोखे संबंधों की कहानी

कृष्णा बोस

अनुवाद
श्रीकांत अस्थाना

बहुवचन

नियोगी बुक्स

An imprint of Niyogi Books

प्रकाशक

नियोगी बुक्स

ब्लॉक-डी, बिल्डिंग नं. 77
ओखला औद्योगिक क्षेत्र, फेज़-1
नई दिल्ली-110020, भारत
दूरभाष: 91-11-26816301, 26818960
ईमेल: niyogibooks@gmail.com
www.niyogibooksindia.com

संपादक : वंदना गुप्ता
डिज़ाइन : शशि भूषण प्रसाद

ISBN: 978-93-89136-27-2
प्रकाशन वर्षः 2019

मुद्रकः नियोगी ऑफसेट प्राइवेट लिमिटेड, नई दिल्ली, भारत

अनिता को समर्पित

एमिली शेंकल और सुभाष चंद्र बोस, 1930 के दशक के मध्यवर्ती वर्षों में।

गरमी की एक तेज़ धूप भरी शाम के क़रीब पाँच बजे से कुछ ज़्यादा का समय हो रहा था, जब हम अपनी मंज़िल– दक्षिणी जर्मनी के बवेरिया प्रांत में ऑग्सबर्ग शहर के उपनगर स्टाडबर्गन के एक बड़े-से विला– पर पहुँचे। भवन के प्रवेश हॉल में हमारा स्वागत अनिता और परिवार के दूसरे सदस्यों ने किया। मैंने ऊपर देखा तो सीढ़ियों के ऊपरी हिस्से पर एमिली आंटी खड़ी दिखीं। उन्होंने भारतीय कपड़े की फूलों के डिज़ाइन वाली सुंदर ड्रेस पहन रखी थी। हमें देखते ही वह जोश भरे अंदाज़ में बोलीं, "तुम्हें पता है, 60 साल होने वाले हैं?"

'किस बात के 60 साल?' कुछ आश्चर्यचकित होकर मैंने पूछा। उन्होंने जवाब दिया, "मैं सुभाष से विएना में जून 1934 में मिली थी। अगले साल मतलब जून 1994 में हमारी पहली मुलाक़ात के 60 साल होने वाले हैं।"

उनकी इस बात पर हम सभी ने खुशी का इज़हार किया।

मैंने उसी समय वादा किया कि हम अगले साल भी यहाँ आएँगे और धूमधाम से एक पार्टी आयोजित करेंगे।

एमिली शेंकल और सुभाष चंद्र बोस की पहली मुलाक़ात के 60 साल पूरे होने के ठीक पहले वाले साल में हमारी यह यात्रा बहुत सारे अर्थों में बेहद महत्वपूर्ण साबित हुई। हम लोग अपने बेटे सुगात के फ्रांस में लेक एनेसी स्थित अस्थायी आवास से लगभग दिन भर की कार यात्रा करके जर्मनी में ऑग्सबर्ग पहुँचे थे। मैं और शिशिर गरमियों में यूरोप में अपनी छुट्टियाँ बिता रहे थे। इस यात्रा के ठीक पहले वाले साल जून 1992 में शिशिर को लंदन में अचानक हृदयाघात हो गया था और हमें ऑग्सबर्ग की अपनी वार्षिक यात्रा टालनी पड़ी थी ।

आंटी ने फोन करके कहा था कि उनका शिशिर को देखने का बहुत मन था और ज़ोर दिया कि अगली (1993 की) गरमियों में हम ऑग्सबर्ग आ जाएँ। सुगात ने तय किया कि फ्रांस में लेक एनेसी से ऑग्सबर्ग (जर्मनी) हमें सड़क के रास्ते जाना चाहिए। उसका विचार था कि हवाई यात्रा करने में हवाई अड्डों पर काफ़ी पैदल चलना पड़ता है, ऐसे में यूरोप की गरमियों में कार से जाना शिशिर के लिए ज़्यादा सुविधाजनक होगा। इस यात्रा पर रास्ते में हम स्विटज़रलैंड में शिशिर के प्रिय शहर बर्न में दोपहर के खाने के लिए रुके थे। यहाँ शिशिर 1950 के दशक में चिकित्सा के छात्र के रूप में रहे थे। आगे रास्ते में लेक कॉन्स्टैंस हमने स्टीमर से पार की और इसके बाद हम फिर हरे-भरे पेड़ों की छाया वाली सुंदर सड़क पर फर्राटे भर रहे थे। गरमियों में झीलों, पहाड़ों, घास के मैदानों, विशाल वृक्षों और कहीं-कहीं सरसों के फूलों वाले खेतों से भरा हुआ यूरोप काफ़ी सुंदर लगता है।

शाम को हम सभी खाने की मेज़ पर एकत्रित हुए। अनिता ने हमेशा की तरह स्वादिष्ट भोजन तैयार किया था। दो साल बाद मिले हम लोग बातों में मशगूल थे और घर-परिवार की जानकारियाँ आपस में बाँट रहे थे। आंटी इस दौरान काफ़ी शांत थीं। हमें पता था कि वह शिशिर के ख़राब होते स्वास्थ्य को लेकर काफ़ी परेशान थीं। लेकिन हमको इस बारे में कुछ पता नहीं था कि हमें वहाँ बुलाने के पीछे कोई ख़ास वजह थी। खाने के अंत में जब अनिता सबके सामने मीठा रखने वाली थी तभी आंटी कुछ बोलीं। उन्होंने मेज़ के इर्द-गिर्द देखने के बाद कहा, "अब जबकि पूरा परिवार यहाँ मौजूद है तो मैं एक घोषणा करना चाहती हूँ।" अनिता ने इस पर उनसे कहा, 'आप तो काफ़ी गंभीर लग रही हैं। क्या आप किसी सगाई की घोषणा करने जा रही हैं या और कुछ?' इस पर हम सभी हँस पड़े, लेकिन आंटी मुसकराईं तक नहीं। उन्होंने शिशिर की ओर देखते हुए कहा, "शिशिर मैं तुम्हें उन सभी पत्रों को प्रकाशित करने की अनुमति देती हूँ, जो तुम्हारे चाचा ने मुझे लिखे थे और जिन्हें इतने लंबे समय से मैंने सँभाल कर रखा है।"

कुछ क्षणों के आश्चर्यमिश्रित सन्नाटे को मेज़ के इर्द-गिर्द बैठे लोगों की तालियों और उत्साह भरी प्रतिक्रियाओं ने तोड़ा। खाने की मेज़ पर आए इस फ़ैसले का स्वागत करने के लिए उस समय वहाँ अनिता, उसका पति मार्टिन, उन दोनों की पुत्री माया, शिशिर, सुगात और मैं मौजूद थे। एक फ़ीते से सावधानीपूर्वक बँधे पत्रों का वह बंडल, जिसकी उन्होंने उम्र भर अपने जीवन से बढ़ कर रक्षा की थी, अब दुनिया के सामने आ सकेगा। मुझे आंटी के विएना स्थित अपार्टमेंट में उनसे मिलने के अवसर याद आए। वहाँ वह प्रेमपूर्वक अपना बिस्तर मुझे सोने के लिए दे देती थीं। वहाँ बिस्तर के बगल की छोटी मेज़ के निचले खाने में एक फ़ीते से प्यार से बँधे पत्रों का एक बंडल होता था। रात के अँधेरे में मैंने उस बंडल को कई बार देखा था और ऐसा करते हुए हर बार मेरा दिमाग़ एक ऑस्ट्रियाई युवती और भारतीय क्रांतिकारी के अनोखे संबंधों की परतों को समझने में लग जाता था।

आंटी से मेरी पहली मुलाक़ात

एमिली आंटी से मेरी पहली मुलाक़ात 1959 में विएना में क्रिसमस के आसपास हुई थी। पत्रों के माध्यम से हम एक-दूसरे को पहले से जानते थे। शिशिर के साथ मेरा विवाह दिसम्बर 1955 में हुआ था। इस अवसर पर उन्होंने मेरे लिए एक उपहार भेजा था और शिशिर को पत्र लिख कर आशीर्वाद दिया था, "ईश्वर करे, तुम अपने माता-पिता (शरत चंद्र बोस और बिवाबती बोस) की तरह प्रसन्न रहो।" शिशिर के माता-पिता वास्तव में प्रसन्न दम्पति थे, लेकिन उनके जीवन में बहुत सारे कष्ट और संघर्ष भी थे, क्योंकि शरत और सुभाष भारत के स्वतंत्रता संग्राम में नेतृत्वकारी भूमिकाओं में थे।

मैं जब अपनी सास बिवाबती के बारे में सोचती हूँ तो आश्चर्य होता है कि इतने वर्षों (1932 से 1935 और 1941 से 1945) तक पति के जेल में रहते हुए कैसे उन्होंने अपना जीवन सँभाला और पारिवारिक दायित्वों की पूर्ति की। उनके पुत्र शिशिर को भी 1942 से 1945 के बीच जीवन को

25 दिसम्बर 1959 को क्रिसमस के मौके पर विएना में। (बाएँ से दाएँ) : शिशिर, अनिता, एमिली, सुगात और बेटी शर्मिला को गोद में लिए बैठी कृष्णा। पीछे ओमामा खड़ी हैं।

ख़तरे में डालने वाली जेल यात्राएँ करनी पड़ीं। पहले कलकत्ता की प्रेसीडेंसी जेल में, फिर दिल्ली में लाल क़िले की कोठरियों में और इसके बाद बेहद कुख्यात लाहौर जेल में। उनकी रिहाई अंततः सितम्बर 1945 में लायलपुर (फ़ैसलाबाद) जेल से हुई। इन सबके अलावा उन (बिवाबती बोस) को अपने प्रिय देवर सुभाष के बारे में भी चिंता लगी रहती थी।

1930 के दशक का ज़्यादातर समय सुभाष को यूरोप में निर्वासन या भारत की जेल में काटना पड़ा था। इसके अलावा, यूरोप में रहते हुए वह अत्यंत दुस्साहसिक कारगुज़ारियों में लगे रहते थे। इसी में शिशिर की मदद से 1941 में भारत से चुपचाप बाहर निकल सकने के बाद 1943 से 1945 के दौरान दक्षिणपूर्वी एशिया में उनकी मशहूर सैन्य उपलब्धियाँ भी शामिल हैं।

(बाएँ से दाएँ बैठे हुए) : कृष्णा और गोद में सुगात, एमिली और शर्मिला को गोद में लिए अनिता। पीछे खड़े हैं सुब्रत और शिशिर, विएना, दिसम्बर 1959

इसी वजह से एमिली आंटी की शुभकामनाएँ हृदय को सुकून देने वाली होने के साथ-साथ मेरे मन में आशंकाएँ भी पैदा कर रही थीं।

विएना में उस साल (1959) का क्रिसमस बिलकुल 'सफ़ेद क्रिसमस' था। चर्चों की मीनारों से लेकर घरों की छतों पर, पेड़ों और सड़कों पर हर ओर सफ़ेद बर्फ़ की चादर फैली हुई थी। बास्टीयनगासे में आंटी के अपार्टमेंट में फायरप्लेस में लकड़ियों के ढेर में आग दहक रही थी। आंटी क्रिसमस ट्री सजाने में व्यस्त थीं। कुछ ही दिनों पहले 17 साल की पूरी हुई अनिता ने मेरी छोटी-सी बेटी को सँभाल रखा था।

मेरा तीन साल का बेटा कमरे में इधर से उधर दौड़ लगा रहा था और एक प्लेट में पालक और पकौड़े लिए आंटी की माँ, जिन्हें हम 'ओमामा' (दादी) कहते थे, उसके पीछे लगी थीं कि वह कुछ खा ले। वह जर्मन भाषा में बच्चे से कुछ खाने का आग्रह कर रही थीं। बच्चा बंगाली और अंग्रेज़ी तो अच्छे

अनिता की गोद में सुगात, कृष्णा, एमिली और शिशिर, विएना, दिसम्बर 1959

से समझता-बोलता था लेकिन जर्मन उसकी समझ में नहीं आती थी और इसीलिए उसने जर्मन को *हिज़ीबिज़ी* (अर्थहीन) नाम दे रखा था। इस दौरान शिशिर म्यूनिख से हमसे मिलने आए अपने छोटे भाई सुब्रत से बात करने में लगे हुए थे। मैं क्रिसमस ट्री सजाने में आंटी की मदद कर रही थी। वह बहुत प्रसन्न लग रही थीं और उन्होंने मुझसे कहा कि बहुत सालों के बाद वह क्रिसमस पर पूरे परिवार के साथ थीं।

अगले दिन 26 दिसम्बर यानी बॉक्सिंग डे को मेरा और आंटी दोनों का जन्मदिन था। हम दोनों की उम्र में 20 बरस का अंतर था। उस साल वह 49 वर्ष की हुई थीं और मैं 29 की। हमने रात के खाने के लिए बाहर जाने का फ़ैसला किया और घर के नज़दीक एक छोटे से रेस्तराँ को चुना क्योंकि हमारे साथ छोटे बच्चे भी थे। जितनी देर हम लोग उस रेस्तराँ में

अनिता की फेंसिंग पार्टनर बनी एमिली, विएना, दिसम्बर 1959

रहे, उतनी देर तक मेरी बेटी वहाँ के सोफे पर सोती रही जबकि बेटे को रेस्तराँ वालों ने अपने पास किचन में बुला लिया और वह थोड़ी देर बाद वहाँ से शेफ़ की टोपी लगा कर बाहर आया। उस साल के बाद हम आंटी से मिलने विएना और ऑग्सबर्ग कई बार गए लेकिन सर्दियों में नहीं। ऐसे में हम अपने साझा जन्मदिन पर एक-दूसरे से टेलीफोन पर बात करके काम चलाते थे। ऐसे हर मौके पर हमें 1959 में विएना में मनाए गए क्रिसमस की याद आती थी।

आंटी के बास्टीयनगासे वाले अपार्टमेंट में जो किचन थी, वह डिशवॉशर लगने के ज़माने से पहले की थी। मुझे याद है कि जब मैं बेसिन में बरतन साफ़ कर रही थी तो आंटी ने मुझसे कहा था, "कृष्णा, उन आइसक्रीम कपों को सँभाल कर धोना। वे तब खरीदे गए थे, जब मैं तुम्हारे अंकल के साथ पहली

विएना में अनिता और शिशिर, दिसम्बर 1959

कृष्णा और एमिली, विएना, 26 दिसम्बर 1959

बार कार्लोवी वैरी गई थी। असल में इसमें से एक मुझसे टूट गया था, फिर हम जब दोबारा वहाँ गए तो वैसा ही कप खरीद कर लाए थे।" कार्लोवी वैरी (जर्मन में कार्ल्सबाद) चेकोस्लोवाकिया (अब चेक गणराज्य में) में एक प्राकृतिक स्वास्थ्य केंद्र था, जहाँ नेता जी कई बार इलाज के लिए गए थे।

मुझे आंटी और नेता जी के बारे में किस्से सुनना अच्छा लगता था। लेकिन, आंटी इस बारे में ज़रा कम ही बोलती थीं। मैं बातचीत के दौरान आने वाली ऐसी इक्का-दुक्का टिप्पणियों का इंतज़ार करती रहती थी। सन 1959 की सर्दियों में अपनी विएना यात्रा के दौरान ही हमने आंटी को इस बात के लिए राज़ी किया था कि अगले साल वह अनिता को हमारे पास भारत आने दें। अगले साल, मतलब 1960 में उसकी स्कूली पढ़ाई पूरी हो रही थी और वह 18 साल की हो जाती। अनिता भी काफ़ी समय से भारत आने को उत्सुक थी। लेकिन आंटी के मन में हिचक थी। उनका कहना था कि अनिता को इस बात की समझ नहीं है कि उसके पिता के प्रति भारतीयों के मन में कितना सम्मान था। आंटी को यह डर था कि उसे भारत में जो दुलार और प्रशंसा मिलेगी, उससे उसका दिमाग़ चढ़ सकता है।

एक प्रसन्नचित्त मुद्रा में अनिता
विएना में, वर्ष 1959 में।

फिर भी, 1960 में अनिता भारत आई और उसने परिस्थितियों को बहुत अच्छी तरह से सँभाला। वह पढ़ी-लिखी और समझदार युवती थी। उसने देश में हर जगह मिले प्यार और सम्मान को बहुत गरिमा के साथ स्वीकार किया और इस बात को अपने ऊपर हावी नहीं होने दिया।

विएना में हमारी वापसी पर आंटी और अनिता हमें छोड़ने रेलवे स्टेशन आए, जहाँ से हम रोम के लिए निकले थे। सन 1959 के आख़िरी दिनों में की गई उस यात्रा के दौरान ही आंटी के साथ मेरे आजीवन संबंधों की शुरुआत हुई थी। उस यात्रा में एक अच्छी बात यह हुई कि आंटी ने अंततः अगले साल की सर्दियों में अनिता को भारत भेजने का निर्णय कर लिया था। आंटी बोस परिवार को अपना ही मानती थीं और धीरे-धीरे उनके मन में सभी सदस्यों के लिए अपनत्व पैदा हो गया था, भले ही उनमें से ज़्यादातर से तो उनकी मुलाक़ात ही नहीं हुई थी। फिर भी, शिशिर के प्रति उनका विशेष प्रेम था और महत्वपूर्ण मामलों में वह शिशिर पर ही भरोसा करती थीं। अनिता की भारत यात्रा की योजना बनाने और इस यात्रा के दौरान उसकी देखरेख के लिए वह पूरी तरह शिशिर पर ही निर्भर थीं।

अनिता की पहली भारत यात्रा

कलकत्ता आने पर अनिता हमारे साथ 1, वुडबर्न पार्क स्थित पारिवारिक आवास में रही। यह भवन शरत बोस ने 1927 में वुडबर्न रोड पर बनवाया था, जो एल्गिन रोड स्थित उनके पिता के बनवाए (1909 में) आवास से थोड़ी ही दूरी पर था। 38/2 एल्गिन रोड स्थित यह दूसरा आवास नेता जी भवन के रूप में जाना जाता है, जबकि वुडबर्न पार्क स्थित आवास को शरत बोस भवन के रूप में। इसी मकान में भूतल पर स्थित मेरे दोनों बच्चों के कमरों को अनिता के शयनकक्ष का रूप दे दिया गया था। हमारे बच्चे लिविंग रूम के रूप में इस्तेमाल होने वाले हॉल के दूसरी ओर स्थित हमारे शयनकक्ष में आ गए। वास्तव में जो कमरे बच्चों के पास थे, वे पहले कभी अतिथि कक्ष के रूप में ही इस्तेमाल होते थे।

स्वतंत्रता संग्राम के दौरान मेरे श्वसुर अपने भाई सुभाष के साथ महात्मा गांधी, पं. जवाहरलाल नेहरू और सरोजिनी नायडू जैसी अनेक महत्वपूर्ण हस्तियों की मेहमाननवाज़ी इसी घर में किया करते थे। वास्तव में 1, वुडबर्न पार्क बंगाल की राजनीति का केंद्र हुआ करता था। इस भवन में गांधी जी एक बार पहली मंज़िल पर रुके थे तो अगली बार उन्होंने दूसरी मंज़िल पर रहना पसंद किया था, जहाँ कमरे के साथ लगे खुले आँगन में वह प्रार्थना सभाएँ करते थे। नेहरू नीचे की मंज़िल पर स्थित अतिथि कक्ष में ही रुके थे। कई बार पुराने नौकरों के मुँह से उस कमरे के बारे में 'पंडित जी का कमरा' सुनना बड़ा मज़ेदार लगता था। सन 1960 में उस कमरे में अनिता के रहने की बारी थी।

शिशिर के बड़े भाई अमिय अपने परिवार के साथ इस भवन की पहली मंज़िल पर रहते थे। सबसे छोटा सुब्रत उन दिनों जर्मनी में था। अनिता का भारत दौरा काफ़ी व्यस्त था, जिसमें उसे दोस्तों और रिश्तेदारों से मुलाक़ात करने अलावा कुछ जनसभाओं में जाना था और संचार माध्यमों को साक्षात्कार देना था। बहुत सारे लोग उससे मिलने किसी भी समय आ

अनिता, भारत यात्रा के दौरान, सन 1961 में।

जाते थे। हालात सँभालने के लिए मुझे अपने कॉलेज से कुछ दिनों की छुट्टी लेनी पड़ी थी, जहाँ मैं अंग्रेज़ी साहित्य पढ़ाती थी। शामों को हम आमतौर पर पहली मंज़िल के बड़े से भोजन कक्ष में रखी बड़ी-सी डाइनिंग टेबल के इर्द-गिर्द परिवार के साथ होते थे।

सन 1960 में जब अनिता भारत आई थी तो नेता जी के सात भाइयों में से केवल दो जीवित रह गए थे। वे थे– तीसरे भाई सुरेश चंद्र बोस, जिन्हें हम *शेजो काकाबाबू* कहते थे और हमारे प्यारे *काकाबाबू* शैलेश चंद्र बोस जो सबसे छोटे थे और बम्बई में रहते थे। तय किया गया था कि अनिता दोनों चाचाओं के साथ कुछ समय बिताएगी। सुरेश चाचा को कुछ समस्या थी, जिससे अंततः निबट लिया गया था। अनिता की बम्बई यात्रा सुखद रही। शैलेश चाचा और भक्ति चाची ने उसे दक्षिण भारत के शहरों की यात्राएँ करवाईं। वे लोग जब बंगलोर में थे, वहीं अनिता की मुलाक़ात एक ऑस्ट्रियाई लड़के से हुई, जो कुछ समय तक कटक में (यह वही शहर था, जहाँ उसके पिता का

जन्म हुआ था) पढ़ा था और तब एक गैर-सरकारी संगठन के साथ बंगलोर में काम कर रहा था। संयोगवश हुई यह मुलाक़ात तब दोस्ती में बदल गई, जब वह लड़का वापस ऑस्ट्रिया पहुँचा और अनिता से मिला। कुछ सालों के बाद अनिता ने उसी लड़के, मार्टिन पाफ से विवाह किया। ऐसे हमें एक प्यारा-सा बहनोई मिला। निश्चित रूप से भाग्य का लेखा ही था कि नेता जी की बेटी की अपने भावी पति से पहली मुलाक़ात भारत में ही हुई।

सुरेश चाचा ने हमें अनिता के कलकत्ता आने से ठीक एक दिन पहले हमें अजीब मुसीबत में डाल दिया था। बात ही कुछ ऐसी थी– एमिली आंटी और सुभाष चाचा ही जानें कि उन्होंने अपने विवाह की बात गुप्त क्यों रखी थी। ज़ाहिर है, इससे उन्हें स्वयं भी अनेक मौकों पर परेशानियाँ हुई होंगी। लेकिन इसकी वजह से एक अर्थहीन विवाद भी पैदा हो गया था। भारत में बहुत-से लोगों को इस विवाह पर विश्वास ही नहीं था। उनके लिए नेता जी सुभाष चंद्र बोस ऐसे आदर्श व्यक्ति थे, जिन्होंने अपना सर्वस्व मातृभूमि के लिए न्योछावर कर दिया था। इन लोगों के लिए यह सोच पाना कठिन था कि किसी आम आदमी की ही तरह नेता जी को भी प्रेम हो सकता था या वह विवाह कर सकते थे। ऐसी सोच रखने वालों की संख्या कम थी लेकिन वे बहुत कट्टर नज़रिए वाले लोग थे।

एक सुबह शिशिर के नाम एमिली आंटी का टेलीग्राम आया कि उन्हें सुरेश चाचा का टेलीग्राम मिला था, जिसमें कहा गया कि अनिता को अपनी आगे की यात्रा रद्द कर देनी चाहिए क्योंकि यहाँ पर उसके माता-पिता की पहचान को लेकर विवाद खड़ा हो गया है। यह पढ़ कर हम सब सन्न रह गए। सुरेश चाचा के बेटों-बेटियों समेत पूरा बोस परिवार अनिता के स्वागत के लिए उत्सुक था। शिशिर के केवल एक चचेरे भाई, सतीश चंद्र बोस के बेटे, की राय इससे अलग थी। हमें पता चला कि उन्होंने सुरेश चाचा को अपनी बात समझाने में सफलता पा ली थी और इससे भी बुरा यह था कि सुरेश चाचा ने कलकत्ता के सभी समाचार-पत्रों को पहले ही एक बयान भेज कर कह

दिया था कि एमिली और सुभाष के विवाह की सच्चाई में उन्हें भरोसा नहीं है। बहरहाल, शिशिर ने आंटी को टेलीग्राम भेजा कि अनिता की यात्रा ज़ारी रहेगी और यहाँ चिंता करने वाली कोई बात नहीं है।

इसका अगला कदम था, मामले को सँभालने के लिए वुडबर्न पार्क स्थित घर में सभी चचेरे-तएरे भाई-बहनों को बुलाया जाना। सामाजिक रूप से परम्परावादी बोस परिवार पुरुष-प्रधानतावादी था। सभी चचेरे-तएरे भाई हमारे लिविंग-रूम में एकत्र हुए। सुरेश चाचा के बेटे इस मौके पर बहुत शर्मिंदगी महसूस कर रहे थे। मुझे उस समय बड़ा आश्चर्य हुआ, जब मेरे जेठ अमिय ने मुझे इस बैठक में बुलाया। उन्होंने मुझसे कहा, "तुम्हारी कुछ अख़बार-वालों से जान-पहचान है, कोशिश करके देखो कि सुरेश चाचा का बयान प्रकाशित न हो।" कुछ पत्रकार मित्रों से मेरा परिचय कला-समीक्षक और स्वतंत्र लेखिका के रूप में था। मैंने सबसे पहले कलकत्ता के प्रमुख अंग्रेज़ी दैनिक *दि स्टेट्समैन* में चंचल सरकार को फोन किया। उन्होंने कहा कि *दि स्टेट्समैन* गंभीर अख़बार है और आपने न कहा होता तो भी हम इस बयान को छापने वाले नहीं थे।

इसके बाद मैंने लोकप्रिय बांग्ला दैनिक *जुगांतर* के समाचार सम्पादक को फोन किया। मैं उन्हें दक्षिणा-दा कहती थी। उन्होंने वादा किया कि वह इसे नहीं छापेंगे, लेकिन मुझे इस बात का आश्वासन देना होगा कि उनका मुख्य प्रतिद्वंद्वी *आनंदबाजार पत्रिका* भी इसे न छापे। ऐसे में *आनंदबाजार पत्रिका* में भी यह व्यवस्था करनी पड़ी कि समाचार न छपे। लेकिन इस क्रम में मैं दूसरे प्रमुख अंग्रेज़ी अख़बार *अमृतबाजार पत्रिका* के लोगों से प्रकाशन रोकने का आग्रह करने से चूक गई। यही चारों उस समय कलकत्ता के प्रमुख समाचार-पत्र थे। सुरेश चाचा के बेटे अरविंद ने कुछ छोटे अख़बारों से बात की। परिणामस्वरूप, अगले दिन एक छोटे समाचार-पत्र *बासुमती* के अलावा किसी अख़बार में सुरेश चाचा का बयान प्रकाशित नहीं हुआ। इस कहानी का अंत थोड़ा अजीब लेकिन अच्छा हुआ। सुरेश चाचा के सबसे

बड़े बेटे कार्तिक ने कलकत्ता के दक्षिणी हिस्से गरिया में मकान बनाया था। बोस परिवार की एक पूरी शाखा उसी मकान में रहती थी। उन लोगों ने तय किया कि वे अनिता को कुछ दिनों के लिए अपने साथ ले जाएँगे। अनिता ने मुझे वहाँ रहते हुए फोन किया था कि सुरेश चाचा उस पर बहुत दुलार दिखा रहे थे और उसके लिए उन्होंने अपने हाथ से फिश करी *(बंगाली, माछेर-झोल)* बनाया था। सुरेश चाचा का रवैया बदल जाने पर हम सभी आश्चर्यचकित भी थे और हमने राहत की साँस भी ली।

प्रधानमंत्री नेहरू ने भी अनिता को अपने पास दिल्ली बुलाया और कहा कि वह कुछ दिन उनके साथ रहे। अनिता ने यह आमंत्रण स्वीकार किया और दिल्ली गई। वहाँ हवाई अड्डे पर उसे लेने के लिए राजीव गांधी आए थे। इसके बाद उन दोनों की मुलाक़ात 1987 में नई दिल्ली में ही हुई थी, जब राजीव गांधी प्रधानमंत्री थे। उस समय उन्होंने अनिता से कहा था, 'मैं नेहरू जी का दौहित्र हूँ, तो क्या वह नेता जी की दौहित्री है?' इस पर अनिता ने उनकी गलती सुधारी, 'नहीं, वह नेता जी की बेटी है और इस तरह उनसे एक पीढ़ी बड़ी है।' नेहरू जी ने भी अनिता के प्रति बहुत स्नेह जताया और सुनिश्चित किया कि उसका दिल्ली प्रवास सुखद रहे।

जिन दोस्तों और रिश्तेदारों ने अनिता का बहुत प्रेम और गंभीरता से स्वागत किया, उनमें देशबंधु चितरंजन दास की विधवा बसंती देवी का उल्लेख मैं ज़रूर करना चाहूँगी। देशबंधु चितरंजन दास दरअसल सुभाष और शरत के राजनीति पथ-प्रदर्शक थे और सुभाष बसंती देवी को अपनी दूसरी माँ जैसा सम्मान देते थे। बसंती देवी अनिता को देख कर बहुत भावुक हो गईं। मेरा सौभाग्य था कि बसंती देवी मेरे प्रति भी बहुत स्नेह रखती थीं। वह अपने पति और शरत तथा सुभाष से जुड़े बहुत-से किस्से मुझे सुनाती थीं। हम उन्हें *ठाकुमां* (दादी) कहते थे। एक बार उन्होंने मुझे बताया था कि 1930 के दशक के मध्य में एक बार सुभाष जब यूरोप से वापस आए और उनसे मिलने गए तो उन्होंने सुभाष से पूछा कि तुम विएना बहुत पसंद करते हो,

वहाँ कोई ख़ास है क्या? इस पर सुभाष बहुत शरमा गए थे और उन्होंने बड़ी दबी आवाज़ में ऐसा कुछ होने से इनकार किया था। इससे अलग, एक बार एमिली आंटी ने मुझे विएना में बताया था कि एक बार नेता जी ने उनसे कहा था कि बसंती देवी को शक था कि विएना में उनका कोई ख़ास रहता है। ठाकुमां युवा अनिता को देखते ही उस पर मोहित हो गई थीं।

अनिता को बड़े प्रेम और सम्मान से स्वीकार करने वालों में नेता जी की सबसे छोटी बहन और हमारी *छोटो पिशिमा* कनकलता भी थीं। दिसम्बर 1955 में मैं जब वुडबर्न पार्क में नवविवाहिता के रूप में आई थी तो बहू का स्वागत करने की परम्परा का निर्वाह *छोटो पिशिमा* ने ही किया था। घर के दरवाज़े पर कार रुकी तो *शहनाई* बज रही थी। लाल बनारसी साड़ियों में सजी औरतों ने सांकेतिक शुद्धिकरण के रूप में कार के पहियों पर पानी डाला। शंखध्वनि के साथ मुख से शुभंकरी ध्वनि निकाली जा रही थी। उसी समय *छोटो पिशिमा* चाँदी की कटोरी में शहद लेकर कार में आईं। उन्होंने मेरे कानों पर शहद लगाया। यह इस बात का प्रतीक था कि ससुराल के लोग जो भी कहें, वह मुझे शहद-सा मीठा लगे। इसके बाद उन्होंने थोड़ा-सा शहद मेरे होंठों पर लगाया। यह उस बात का प्रतीक था कि नई बहू जो भी बोले, वह लोगों को मीठा लगे। मैंने 1990 में प्रकाशित अपनी एक बांग्ला पुस्तक *एक नोंबोर बारी* में 1, वुडबर्न पार्क में अपने स्वागत और बहुत-सी दूसरी बातों के बारे में विस्तार से लिखा है। इस पुस्तक का बड़ा हिस्सा मैंने ऑग्सबर्ग में बिताई एक गरमियों के दौरान लिखा था। वहाँ अनिता के मकान की खुली छत पर बैठ कर मैं लिखती थी। आंटी अकसर मेरे पास आ बैठती थीं और जब मैं काफ़ी देर तक लिख लेती थी तो मुझसे कहती थीं कि मैं उन्हें अनुवाद करके सुनाऊँ। उन्होंने जब नई बहू के स्वागत के रिवाज़ मे बारे में सुना तो उन्हें काफ़ी मज़ा आया। फिर उन्होंने टिप्पणी की, "अच्छा ही हुआ कि मुझे वहाँ नहीं जाना पड़ा।" मुझे लगता है कि उन्होंने नई बहू के साथ होने वाली बहुत सारी औपचारिकताओं में पड़ने से बचने को लेकर यह बात कही होगी। बाद में मैंने वुडबर्न पार्क में 1974 तक बिताए

अपने समय के बारे में एक अन्य पुस्तक *एन आउटसाइडर इन पॉलिटिक्स* में लिखा। उस पुस्तक का प्रकाशन 2008 में हुआ था। इसका पुनर्मुद्रण 2015 में पेपरबैक में हुआ था और इसमें नया उपसंहार भी जोड़ा गया था।

सन 1960-61 में अनिता की पहली भारत यात्रा के दौरान उसने जितनी आसानी से भारतीय और ख़ासतौर पर बंगाली रीतिरिवाज़ों के साथ तालमेल बनाया, वह उल्लेखनीय था। वह बहुत सहज भाव से हाथ से खाना खाने लगी थी, बहुत आराम से साड़ी पहन सकती थी और बड़ों का चरण स्पर्श करके *प्रणाम* करती थी। एमिली आंटी को भारतीय रीति-रिवाज़ों, राजनीति और इतिहास की काफ़ी जानकारी थी– ख़ासतौर से स्वतंत्रता संग्राम की। उन्हें यह सारा ज्ञान सुभाष चंद्र बोस से रिश्ते के दौरान प्राप्त हुआ था। लेकिन आंटी को अपने पर इस बात का भरोसा नहीं था कि वह खुद को एक विदेशी संस्कृति में कैसे और कितना ढाल पाएँगी! भाग्य का लेखा कि उन्हें यह परीक्षा देनी भी नहीं पड़ी। अपने पिता के देश की सफल यात्रा के बाद अनिता विएना लौट गई, जहाँ उसकी माँ उसकी वापसी का उत्सुकता से इंतज़ार कर रही थी।

वे पत्र

सन 1993 की गरमियों में ऑग्सबर्ग से लौटने के बाद शिशिर और सुगात ने एमिली और सुभाष के पत्रों के विशेष ग्रंथ पर काम शुरू किया। उस समय तक नेता जी शोध केंद्र शिशिर के सम्पादन में उनके लेख-संग्रह के छह खंडों का प्रकाशन कर चुका था। तय किया गया कि सातवें खंड का शीर्षक होगा *लेटर्स टु एमिली शेंकल, 1934-42* इस अवधि के दौरान नेता जी ने एमिली को 162 पत्र लिखे थे। रोम से पहले ही पत्र में उन्होंने लिखा था, “मैं पत्र-लेखन में कमज़ोर हूँ, लेकिन उम्मीद करता हूँ कि बुरा आदमी नहीं हूँ।” लेकिन खुद को कमज़ोर पत्र-लेखक बताने वाले नेता जी ने लगभग हर जगह से और सभी तरह की व्यस्तताओं के बीच भी एमिली को नियमित रूप से पत्र लिखे थे। यहाँ तक कि 1938-39 में जब वह भारतीय राष्ट्रीय

कांग्रेस के अध्यक्ष के रूप में अत्यंत व्यस्त होते थे तब भी उन्होंने एमिली को पत्र लिखने का समय निकाल लिया था। कई बार तो उन्होंने जेल से या घर में नज़रबंद रहते हुए भी उन्हें पत्र भेजे थे। ऐसे सभी पत्रों पर 'सेंसर्ड एंड पास्ड' की मुहर होती थी। उन्होंने एमिली को चेतावनी भी दे रखी थी कि मैं जेल के बाहर से पत्र लिख रहा होऊँ तब भी पुलिस उन्हें खोल कर पढ़ेगी ही। ऐसी स्थिति में वे अपनी निजी भावनाओं के बारे में खुल कर कुछ नहीं लिख पाते थे। प्रेम की अभिव्यक्तियाँ जल्दी-जल्दी कुछ शब्दों में समेटनी होती थीं– कई बार तो जर्मन में। आंटी ने बताया था कि जब 1943 के शुरुआती दिनों में वह दक्षिण-पूर्वी एशिया की ओर निकल गए तो वह अपने पत्र रेडियो के माध्यम से भेजते थे। विश्वयुद्ध की समाप्ति पर जब विएना पर मित्र राष्ट्रों की सेना का क़ब्ज़ा हो गया तो ब्रिटिश अधिकारियों ने उनके अपार्टमेंट पर धावा बोल कर उनकी डेस्क पर रखे उन सभी पत्रों को अपने क़ब्ज़े में ले लिया। उन लोगों ने वादा किया था कि सभी पत्र वापस दे दिए जाएँगे, लेकिन ऐसा हुआ नहीं। फिर भी, सौभाग्य से पत्रों का मुख्य बंडल बच गया था।

उन पत्रों का क्या हुआ, जो एमिली आंटी ने सुभाष चंद्र बोस को लिखे थे? इन पत्रों से स्पष्ट है कि वह भी उतनी ही नियमितता से पत्र भेज रही थीं। आंटी ने इन पत्रों को सँभाल कर रखा था लेकिन सुभाष का जीवन इतना उथल-पुथल भरा था कि हमें कुछ पता नहीं चल रहा था कि आंटी के भेजे पत्रों का क्या हुआ! लेकिन आंटी के लिखे कुछ पत्र बिलकुल जादुई तरीक़े से हमें मिले। एक दिन शिशिर अपने क्लिनिक में मरीज़ देख रहे थे, जब एक बंगाली सज्जन ने उनसे मिलना चाहा। मुलाक़ात में उन्होंने बताया कि वह विदेश में रहते हैं और अपने पिता के निधन के कारण कलकत्ता आए थे। उन्होंने कहा कि पिता के कागज़ात निपटाने-सँभालने के दौरान मुझे एक डिब्बे में रखे हुए कुछ कागज़-पत्र मिले, जिनका संबंध नेता जी से था, सो मैंने सोचा कि इन्हें सँभालने के लिए आपसे बेहतर कोई दूसरा न होगा! इतना कह कर उन सज्जन ने वह डिब्बा पकड़ाया और चले गए। शिशिर

ने उस डिब्बे को तुरंत पहचान लिया। वह उनके पिता शरत का सिगार बॉक्स था। शरत चंद्र बोस के सिगार बॉक्स में एमिली शेंकल के लिखे 18 पत्र थे। इसके अलावा इसमें कुछ वे महत्वपूर्ण पत्र भी थे, जो सुभाष ने अपने *मेजदादा* शरत को लिखे थे। इनमें 1921 का लिखा वह पत्र भी था, जिसमें उन्होंने इंडियन सिविल सर्विसेज छोड़ने के फ़ैसले के बारे में लिखा था। पत्रों के संग्रह सम्पादकों– शिशिर और सुगात– ने तय किया कि नेता जी समग्र के सातवें खंड में इन 18 पत्रों को भी शामिल किया जाएगा। किंतु, यह रहस्य ही है कि सिगार-बॉक्स में रखे वे पत्र उन बाहरी सज्जन के पास कैसे पहुँचे थे! क्या नेता जी ने अपने किसी विश्वासपात्र को वे पत्र सँभाल कर रखने के लिए दिए थे? या फिर किसी तलाशी के दौरान यह डिब्बा पुलिस को मिला था? और क्या वह सज्जन पुलिस में थे, जिनका पुत्र यह डिब्बा शिशिर को सौंप कर गया था। हमें इसका सही उत्तर नहीं मालूम है, लेकिन हम इस बात से प्रसन्न थे कि प्रकाशनीय खंड में आंटी की ओर से लिखे पत्रों की सिरे से नामौजूदगी नहीं होगी।

जब यह खंड प्रकाशित होने वाला था उसी समय *आनंदबाजार पत्रिका* के सम्पादक अवीक सरकार ने मुझे फोन करके कहा कि वह इसके प्रकाशन से पहले इसके बारे में एक लेख प्रकाशित करना चाहेंगे और मुझसे यह लेख देने का आग्रह किया। मैंने आग्रह स्वीकार कर लिया। यह लेख लिखते समय मैं न तो अपनी राय थोपना चाहती थी, न ही उन सभी पत्रों का विश्लेषण करना चाहती थी। मैंने उन सभी पत्रों को ध्यान से पढ़ा और ऐसा लेख लिखने का प्रयास किया, जिसे पढ़ते हुए पाठकों को उन पत्रों के माध्यम से एक यात्रा पर ले जाया जा सके कि कैसे दो लोग दोस्त बने और कैसे वह दोस्ती तेज़ी से एक गहरे संबंध में बदल गई! परिस्थितियाँ ऐसी थीं कि वे दोनों अपने पत्रों में भी अपनी भावनाओं को खुल कर नहीं लिख सकते थे। नेता जी एमिली आंटी को 'डियर मिस शेंकल' लिख कर संबोधित करते थे और पत्र का अंत 'ऑफ ईदर्जे (विदा), योर्स सिंसियरली, सुभाष सी. बोस' से करते थे। सन 1936 में लिखे एक पत्र में उन्होंने लिखा, "ऐसी बहुत-सी बातें

विएना में एमिली और कृष्णा, फुरसत के क्षणों में, सितम्बर, 1971

हैं, जिनके बारे में मैं तुम्हें लिखना चाहता हूँ– लेकिन मैं इनके बारे में अलग से लिखूँगा– इसलिए कृपया इस पत्र को ध्यान से पढ़ना।" इन पत्रों में बहुत साफ़ देखा जा सकता है कि उनके बीच कितना गहरा भावनात्मक लगाव था और एक-दूसरे का अभाव उन्हें कितना खलता था।

इन पत्रों में क्या है! यह जानने के कोई दो दशक पहले, 1971 के वसंत में मैं आंटी के विएना स्थित बास्टीयनगासे वाले अपार्टमेंट में उनके साथ बैठी थी। उनके सामने तिपाई पर वाइन का गिलास रखा था। वह कहीं दूर अंतरिक्ष में देख रही थीं, जब उन्होंने मुझसे कहा, "देखो, कृष्णा! तुम्हारे अंकल ने मुझसे

कहा था कि मेरा पहला प्यार... और एकमात्र प्यार... मेरा देश है। सो, मेरे पास तुम्हें देने के लिए कुछ नहीं बचा है।"

दरअसल उस दौरान तीन-चार दिनों से मैं आंटी से बार-बार आग्रह कर रही थी कि वह अपने बारे में कुछ बताएँ। उस साल मैं और शिशिर चेकोस्लोवाकिया के ओरिएंटल इंस्टीट्यूट में सुभाष चंद्र बोस पर आयोजित एक सम्मेलन में भाग लेने जाते हुए विएना में आंटी के पास रुके थे। मैंने आंटी को बताया था कि सम्मेलन में मुझे 'सुभाष चंद्र बोस के जीवन में महत्वपूर्ण महिलाओं' पर शोध-पत्र पढ़ना था। मैंने ऐसी चार महिलाओं के बारे में सोचा था और उनमें से तीन के बारे में लिख चुकी थी– उनकी माँ प्रभाबती, सी. आर. दास की पत्नी बसंती देवी, जिन्हें वह अपनी दूसरी माँ जैसा मानते थे और मेरी सास बिवाबती, जो उनकी बड़ी भाभी होते हुए माँ जैसी ही थीं। मैंने तय किया था कि चौथी महिला के बारे में मैं विएना में रहते हुए लिखूँगी। इसके लिए मुझे उनसे बात करनी थी। मैंने उनसे कहा कि सुभाष चंद्र बोस के जीवन में चौथी महत्वपूर्ण महिला एमिली शेंकल थीं। इस पर उन्होंने तुरंत जवाब दिया कि मैं उनके जीवन की महत्वपूर्ण महिला बिलकुल नहीं हूँ। इसके बाद बात शाम को ही आगे बढ़ सकी, जब उन्होंने कहा, "सुभाष के मन में उनके लिए ज़रा भी प्रेम नहीं बचा था।" उन्होंने कहा, "यह जानने के बाद भी तुम मुझे स्वीकार करती हो तो करो..." कहते-कहते उनकी आवाज़ भर्रा गई।

इस मामले में चूँकि वह इसके आगे कुछ नहीं बोल रही थीं, ऐसे में शोधपत्र पूरा करने के लिए मुझे अपने पति और ननद से सुनी हुई बातों से काम चलाना पड़ा। परिवार में उनके संबंध के बारे में जो कहा जाता था, वह यह था कि सुभाष और एमिली एक-दूसरे को 1934 से ही अच्छी तरह से जानते तो थे लेकिन उनका विवाह वास्तव में तब हुआ था, जब सुभाष दूसरे विश्वयुद्ध के दौरान बर्लिन पहुँचे थे। वह 2 अप्रैल, 1941 को वहाँ पहुँचे थे और उन्होंने 3 अप्रैल को एमिली को लिखा था, "तुम्हें मेरा यह पत्र पाकर आश्चर्य होगा और

ऑर्लैन्डो माज़ोटा के वेष में बर्लिन पहुँचने पर सुभाष चंद्र बोस, अप्रैल, 1941 में।

इससे भी ज़्यादा आश्चर्य यह जान कर होगा कि मैं यह पत्र बर्लिन से लिख रहा हूँ।" उन्होंने आगे लिखा, "मुझे नहीं पता कि मैं विएना आ सकूँगा या नहीं। इसलिए, मुझसे मिलने तुम्हीं बर्लिन आ जाओ। क्या तुम आ सकोगी? तुम समझ सकती हो कि तुमसे मिल कर मुझे कितनी खुशी होगी।" पत्र में उन्हें यह भी बताया कि उनके पास अनके अपने नाम के बजाए ऑर्लैन्डो माज़ोटा नाम से इतालवी पासपोर्ट था।

एमिली आंटी को इस पत्र के अलावा जर्मनी के विदेश कार्यालय से एक टेलीग्राम भी मिला, जिसका संदेश था– 'बोस इस समय बर्लिन में हैं और आपसे कह रहे हैं कि यदि संभव हो तो आप तुरंत यहाँ आ जाएँ। कृपया पुष्टि करें।'

सुभाष और एमिली उसके बाद बर्लिन के सोफीन्स्त्रास इलाके में रहने लगे। परिवार में प्रचलित कहानी के मुताबिक, इसी दौरान उनकी शादी हुई थी।

मैंने तो यह भी सुना था कि बर्लिन से प्रकाशित होने वाले *आज़ाद हिंद* जर्नल के सम्पादकीय विभाग में शामिल किन्हीं भट्ट महाशय ने ब्राह्मण होने के कारण इस विवाह मे पुजारी की भूमिका का निर्वाह किया था। इस समय को मोटे तौर पर फरवरी 1942 माना जाता था। मैंने अपने शोध-पत्र में यह सब कुछ शामिल किया। प्राग सम्मेलन में नेता जी के जीवन में महत्वपूर्ण महिलाओं पर मेरे शोध-पत्र ने काफ़ी लोगों की उत्सुकता जगाईं। सम्मेलन में मौजूद कुछ लोगों ने मुझसे पूछा कि क्या बोस के व्यक्तित्व में माँ से कुछ ज़्यादा लगाव होने जैसा भी कुछ था! क्या वजह थी कि उनके जीवन में सभी औरतें उनके लिए माँ या माँ जैसी थीं! इन लोगों का मानना था कि उनकी पत्नी का व्यक्तित्व भी एक तरह से धाय माँ जैसा ही था। फिर मैंने उन लोगों को बताया कि भारतीय और ख़ासतौर पर बंगाली जीवन मूल्यों में माँ की छवि का क्या महत्व है! हमारे लिए ईश्वर का सर्वोत्कृष्ट रूप भी माँ जैसा है और हमारे लिए देश भी मातृभूमि है। जो शोधपत्र मैंने प्राग में पढ़ा था, वह बाद में खुशवंत सिंह के सम्पादन में प्रकाशित *इलस्ट्रेटेड वीकली ऑफ इंडिया* में प्रकाशित हुआ था। इस आलेख की कटिंग काटकर मैंने विएना में आंटी को भेजी थी।

आंटी ने उसे पढ़ने के बाद मुझे पत्र लिख कर कहा था कि उन्हें वह आलेख पसंद आया था। उन्होंने मुझे कभी नहीं बताया कि उस आलेख में विवाह के समय के बारे में कोई गलती थी। यह 1970 के दशक के शुरुआती दिनों की बात है, जब अमेरिकी विद्वान लिओनार्ड गॉर्डन शरत और सुभाष बोस की जीवनी– *ब्रदर्स अगेंस्ट दि राज*– के लिए शोध (1990 में प्रकाशित) के अंतिम चरण में थे, जब उन्होंने शिशिर और मुझे बताया कि आंटी एमिली ने उन्हें बताया है कि उनका और सुभाष का विवाह ऑस्ट्रिया के सुंदर स्पा ग्राम बादगास्टाइन में 26 दिसम्बर 1937 को हुआ था। इस जानकारी ने हमें चौंका दिया। शिशिर के दो बड़े भाई 1930 के दशक में यूरोप गए थे और अपने चाचा के पास रहे थे। वे सुश्री एमिली शेंकल को ने अपने चाचा की बहुत अच्छी दोस्त के रूप में भी जानते

थे, लेकिन वे कभी उन दोनों के रिश्ते की गहराई को नहीं जान सके थे। ऐसा लगता है कि आंटी ने गॉर्डन, जिसे हम लेनी कहते थे, को ही शादी की सही तारीख़ बताने का फ़ैसला इसलिए किया होगा क्योंकि वह शरत और सुभाष की व्यापक शोध पर आधारित प्रामाणिक जीवनी लिख रहे थे। इसी दौरान हमें पता चला कि उन्होंने एक और इतिहासकार को यही तारीख़ बताई थी। वह महात्मा गांधी के जीवनीकार बी.आर. नंदा थे, जिन्होंने नेहरू मेमोरियल ट्रस्ट की एक मौखिक इतिहास परियोजना के अंश के रूप में आंटी का साक्षात्कार लिया था। बाद में उन्होंने एक तीसरे इतिहासकार, सुगात को भी यही तारीख़ बताई थी, जब उसने नेता जी कलेक्टेड वर्क्स के पत्रों वाले खंड के सम्पादक के रूप में उनसे इस तारीख़ के बारे में पूछा था। सुगात ने यह भी पूछा था कि उन दोनों ने अपने विवाह को गुप्त रखने का फ़ैसला क्यों किया था! इस पर आंटी का कहना था कि सुभाष के लिए भारत की मुक्ति का राजनीतिक संघर्ष सबसे ज़्यादा महत्वपूर्ण था और वे दोनों शादी की बात को ज़ाहिर करके कोई अनावश्यक विवाद नहीं खड़ा करना चाहते थे।

इस ग्रंथ के बारे में मैंने *आनंदबाजार पत्रिका* के लिए जो लेख लिखा था, वह समाचार-पत्र के रविवारीय संस्करण में प्रकाशित होना था। उससे पहले के शुक्रवार के अंक में लेख के बारे में एक छोटी सूचना प्रकाशित हुई थी। अख़बार के युवा कार्यकारी सम्पादक ने अति उत्साह में जो सूचना लगाई थी, उसमें लिखा था कि रविवार के फीचर में आप पढ़ेंगे कि सुभाष कैसे एक ऑस्ट्रियाई स्त्री के प्रेम में पागल हो गए थे। अब, सुभाष चंद्र बोस की छवि बहुत-से भारतीयों के लिए किसी देव-पुरुष जैसी थी। इस सूचना की भाषा से कई लोगों को धक्का पहुँचा। खुद मुझे लगा कि जो कुछ लिखा गया, वह ठीक भाव से नहीं लिखा गया था। मैंने बहुत सावधानी से उनके पत्रों के सहारे जो कुछ हासिल किया और लिखा था वह एक गंभीर और पवित्र प्रेम कथा थी। मुझे पता था कि यह संवेदनशील मसला है और सूचना की भाषा मेरे लेख के गरिमापूर्ण चरित्र के अनुकूल नहीं थी।

रविवार को भोर के पहले जब छपे हुए समाचार-पत्र की प्रतियाँ अलग-अलग जगहों पर भेजने के लिए गाड़ियों में लादी जा रही थीं, शरारती तत्वों का एक समूह कलकत्ता के केंद्रीय हिस्से में स्थित एबीपी समूह के कार्यालय पर पहुँचा और उसने अख़बारों को छीन कर उनमें आग लगा दी। इस अचानक हुए घटनाक्रम से भौचक कर्मचारियों और विक्रेताओं ने जब उनसे इस हरकत का कारण पूछा तो उन्होंने हिंदी में जवाब दिया– *क्या मालूम, क्या है*– उन लोगों ने फॉरवर्ड ब्लॉक से जुड़े एक स्थानीय नेता का नाम लेते हुए कहा, *उन्होंने बोला जला दो, तो जला दिया*। इस घटना के बाद मुझे *आनंदबाजार पत्रिका* के कार्यालय से टेलीफोन करके आगाह किया गया कि मेरे घर के सामने विरोध प्रदर्शन हो सकता है। कुछ सिरफिरे यह मानने को तैयार नहीं थे कि नेता जी भी शादी कर सकते हैं। इन तत्वों ने अफ़वाह फैला दी थी कि मैंने नेता जी सुभाष चंद्र बोस के बारे में कुछ अपमानजनक बात लिखी है। एक वरिष्ठ पत्रकार ने पश्चिम बंगाल के तत्कालीन मुख्यमंत्री ज्योति बसु को फोन करके घटनाक्रम बताया। इस पर उन्हें बहुत आश्चर्य हुआ और उन्होंने पूछा, “आलेख किसने लिखा है, कृष्णा ने? मतलब शिशिर की पत्नी ने? भला वह सुभाष बाबू के बारे में कुछ भी अपमानजनक क्यों लिखेगी?”

जो भी हो, जब तक लोगों ने घटना पर काबू हासिल किया, तब तक 50,000 प्रतियाँ जल चुकी थीं। बाद में उसी दिन पत्र के सम्पादक अवीक सरकार ने मुझे फोन किया और बताया कि उन्होंने जितनी प्रतियाँ जली थीं, उतनी ही और छापने का आदेश दिया था, जिन्हें समाचार-पत्र के सोमवार के अंक के साथ वितरित किया जाएगा।

दोनों की मुलाक़ात

सुभाष चंद्र बोस 1934 में यूरोप में निर्वासन काट रहे थे, जब उन्होंने विएना में रहते हुए *दि इंडियन स्ट्रगल* लिखना शुरू किया। उस समय उन्हें एक सचिव की ज़रूरत महसूस हुई, जो अंग्रेज़ी का अच्छा जानकार हो और

टाइपिंग कर सकता हो। उन्होंने एक मित्र डॉ. माथुर से इस सिलसिले में बात की तो उन्होंने ऐसे दो लोगों के बारे में बताया। बोस ने पहले उसका साक्षात्कार लिया जो कागज़ पर बेहतर लग रहा था। साक्षात्कार के बाद उसकी क्षमताओं पर कुछ संदेह हुआ तो उन्होंने अन्य प्रतिनिधि का भी साक्षात्कार करने के बारे में सोचा। वह 23 वर्षीय ऑस्ट्रियाई युवती एमिली शेंकल थीं। साक्षात्कार के बाद यह नौकरी उन्हें मिल गई। उनके पिता इस बात से कतई खुश नहीं थे कि उनकी बेटी किसी भारतीय आदमी के साथ काम करेगी। यूरोप के कई हिस्सों में उन दिनों भी भारत को एक दूरस्थ और रहस्यमय देश समझा जाता था। साक्षात्कार वाले दिन उन्होंने श्री बोस को फोन करके पूछा कि क्या उनकी बेटी का साक्षात्कार हो गया। उन्हें यह जान कर राहत मिली कि उनकी बेटी उस वक़्त तक वहाँ से जा चुकी थी। लेकिन, बाद में जब वह और उनकी पत्नी इस भारतीय आदमी के बारे में जान पाए तो वे उसे पसंद करने लगे। बोस भी उनके प्रति सम्मानजनक व्यवहार करते थे। एमिली को लिखे उनके पत्रों में हम देख सकते हैं कि वह एमिली के माता-पिता के प्रति सम्मान का भाव व्यक्त करना नहीं भूलते थे।

एमिली ने जून 1934 में काम करना शुरू किया। नवंबर में बोस को गंभीर रूप से बीमार अपने पिता जानकीनाथ को देखने के लिए भारत में प्रवेश करने की अनुमति मिली। उस ज़माने में हवाई जहाज़ से भी भारत आने में कई दिन लगते थे। सुभाष चंद्र बोस ने एमिली शेंकल को पहला पत्र भारत जाते हुए 30 नवंबर 1934 को रोम से लिखा। वह कलकत्ता 4 दिसम्बर को पहुँचे। उन कुछ महीनों में ही दोनों अच्छे मित्र बन गए लगते थे। यात्रा की इस छोटी-सी अवधि के दौरान उन्होंने एमिली को हर दिन अपने रास्ते के पड़ावों– वेनिस, एथेंस, काहिरा और बगदाद– से पत्र लिखे। वह कलकत्ता 4 दिसम्बर को पहुँचे लेकिन दुर्भाग्य से उनके पिता का दो दिन पहले 2 दिसम्बर को देहांत हो गया था। यहाँ आने पर सुभाष चंद्र बोस को 'घर में नज़रबंद' कर दिया गया था। उन्होंने एमिली को लिखे पत्र में उन्हें समझाया

था कि नज़रबंदी क्या होती है– अपने ही घर में क़ैद कर दिया जाना। उन्होंने एमिली को उनके पति की मृत्यु से अपनी माँ को हुई पीड़ा के बारे में भी लिखा। उन्होंने लिखा, "किसी पश्चिमी जगत के व्यक्ति के लिए हमारी मानसिकता को समझ पाना कठिन है। किसी हिंदू पत्नी का जीवन अपने पति के साथ इस तरह से बँधा होता है कि पति की नामौजूदगी में उसका जीवन कठिन हो जाता है।"

सुभाष ने 31 दिसम्बर 1934 को एमिली तथा उनके माता-पिता को नव वर्ष की शुभकामनाओं का पत्र लिखा। इस बीच, उनके पित्ताशय का दर्द काफ़ी बढ़ गया था। उन्होंने लिखा कि 30 दिन के शोककाल के दौरान खाया जाने वाला विशेष भोजन कुछ हद तक उनकी पीड़ा बढ़ने का कारण हो सकता है। उन्हें महसूस हो गया था कि उन्हें शल्यक्रिया की ज़रूरत पड़ेगी। यह थोड़ी अजीब बात थी, लेकिन आंटी को खुद भी पित्ताशय की समस्या थी। सुभाष को इस बात की राहत थी कि आंटी अब पहले से बेहतर महसूस कर रही थीं। 1930 के दशक में छोटी से छोटी शल्यक्रिया में भी ख़तरों का डर बना रहता था।

8 जनवरी 1935 को शोककाल के समाप्त होने पर सुभाष चंद्र बोस कलकत्ता से यूरोप के लिए रवाना हो गए। इस बार उन्होंने बम्बई से पानी का जहाज़ लिया था। इस जहाज़ का नाम *एमवी विक्टोरिया* था। रास्ते में वह नेपल्स में उतरे थे और वहाँ के कुछ दर्शनीय स्थलों का भ्रमण किया था। उन्होंने 'पॉम्पेआई' देखा और 'सोल्फातारा' नाम के सक्रिय ज्वालामुखी को भी देखा। वह कैप्री द्वीप और माउंट विसूवियस भी देखना चाहते थे लेकिन उस वक़्त वहाँ बर्फ़बारी होने के कारण उन्होंने यह विचार छोड़ दिया था। इन सारी बातों के बारे में उन्होंने एमिली को लिखा था। यहाँ से आगे वह तीन दिन रोम में रहे। रोम से लिखा गया 25.1.35 दिनांकित उनका पत्र रोचक है। इसमें उन्होंने एमिली को सूचित किया था, "आज शाम मेरी मुलाक़ात माननीय मुसोलिनी से होनी है और मैं उन्हें अपनी पुस्तक की एक प्रति

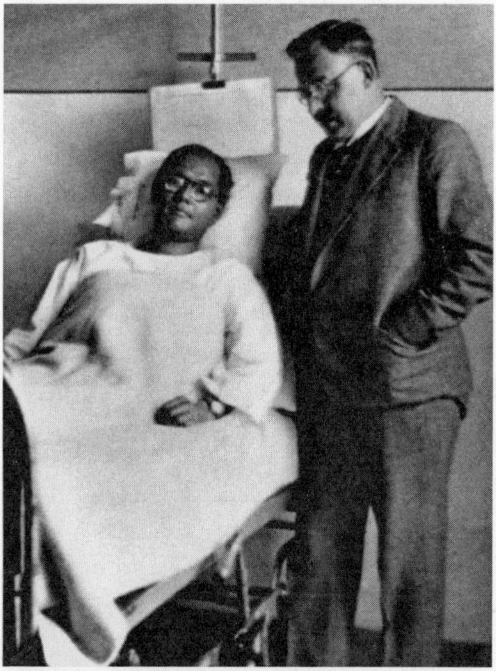

बाएँ : विएना में 1935 में पित्ताशय की शल्यक्रिया के बाद सर्जन प्रो. डीमेल के साथ सुभाष चंद्र बोस।

नीचे : पित्ताशय की शल्यक्रिया के बाद स्वास्थ्य लाभ के दौरान सुभाष चंद्र बोस।

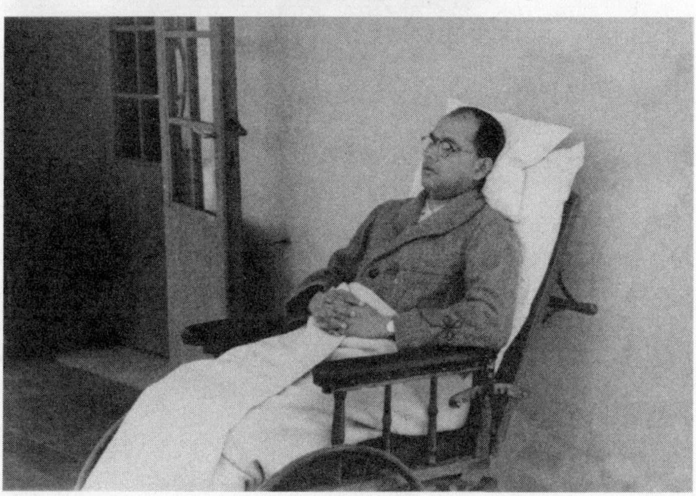

भेंट करने वाला हूँ।" यह पुस्तक उनकी लिखी *दि इंडियन स्ट्रगल* ही थी, जो उसी समय लंदन से प्रकाशित हुई थी। उन्होंने कोष्ठक में एमिली को यह भी लिखा था कि वह इस बात को अपने तक ही रखें। उन्होंने इसी पत्र में एमिली को यह भी बताया था कि उन्होंने पुस्तक के आमुख में एमिली के प्रति धन्यवाद भी व्यक्त किया है। थोड़ा मज़ाकिया अंदाज़ में उन्होंने एमिली को लिखा था, "मेरे जन्मदिन (23 जनवरी) पर संदेश भेजने के लिए धन्यवाद। वास्तव में मैं जन्मदिन की तारीख़ भूल गया था। मैं भी कितना अजीब हूँ। हूँ, न!"

लेकिन सच यह है कि ज़्यादा ज़रूरी काम उनके ध्यान से नहीं उतरे थे। उन्होंने पत्र में पूछा, "क्या तुम्हें लगता है कि मैं तुम्हारा टेलीफोन नंबर भूल गया हूँ ?" वह तो एमिली की माँग के मुताबिक उनके लिए भारत से सुगंधित *धूप* ले जाना भी नहीं भूले थे। एमिली के लिए वह स्वामी विवेकानंद की पुस्तक *थॉट्स ऑन वेदांता* भी ले गए थे।

उन्होंने एमिली को सूचित किया कि वह 29 जनवरी (1935) को विएना पहुँचेंगे। इसके एक साल बाद तक दोनों के बीच कोई पत्र-व्यवहार नहीं हुआ क्योंकि वे उस दौरान विएना, कार्ल्सबाद (अब चेक गणराज्य में कार्लोवी वैरी) तथा ऑस्ट्रिया के साल्जबर्ग प्रांत में हॉफगास्टाइन और बादगास्टाइन के स्पा रेसॉर्टों में साथ-साथ थे। अप्रैल 1935 में सुभाष विएना के एक अस्पताल में पित्त की थैली की शल्यक्रिया के लिए भर्ती हुए थे। उनकी शल्यक्रिया शहर के मशहूर चिकित्सक प्रोफेसर डीमेल ने की थी। शल्यक्रिया के लिए ले जाए जाने के पहले उनसे वसीयत करने के लिए कहा गया तो उन्होंने एक कागज़ पर लिखा, "मेरा सारा प्यार देशवासियों को और सारी ज़िम्मेदारियाँ *मेजदादा* को।" *मेजदादा* मतलब उनके बड़े भाई शरत चंद्र बोस। शल्यक्रिया काफ़ी कष्टकारी थी और इससे उबर कर स्वास्थ्यलाभ करने में उन्हें काफ़ी समय लगा। इस दौरान सिस्टर एल्विरा और अन्य नर्सों ने उनकी देखभाल की। जब तक वह अस्पताल में रहे,

आंटी एमिली वहाँ रोज़ जाती थीं। तथ्य यह है शल्यक्रिया के तुरंत बाद चिकित्सकों को उनकी मौजूदगी की ज़रूरत थी। शल्यक्रिया के पहले उन्हें दिए गए निश्चेतक का प्रभाव कुछ ज़्यादा होने के कारण काफ़ी समय तक वह होश में नहीं आ रहे थे। तब इस उम्मीद में कि वह किसी परिचित से संवाद होने पर कुछ प्रतिक्रिया करेंगे, एमिली से आग्रह किया गया था कि वह उनसे लगातार बात करें।

स्वास्थ्यलाभ की लंबी अवधि में सुभाष लगातार बेचैन हो रहे थे। वह जल्दी से जल्दी अपने सक्रिय जीवन में लौटना चाहते थे। सन 1933 में यूरोप में निर्वासित जीवन शुरू करने के आरंभिक दिनों से ही वह पूरे यूरोप की यात्रा करते हुए भारत के स्वतंत्रता संग्राम के बारे में संदेश फैला रहे थे। उन्होंने इंडो-चेक फ्रेंडशिप सोसायटी तथा ऑस्ट्रिया-इंडिया एसोसिएशन जैसी कई सभाओं और संगठनों का गठन भी किया था। शल्यक्रिया के बाद विएना के सेनेटोरियम और कार्ल्सबाद तथा हॉफगास्टाइन के स्पा में विश्राम करने की बाध्यता कई महीनों तक बनी रही। काफ़ी समय तक उन्हें अपने पेट पर 'एब्डॉमिनल बेल्ट' का इस्तेमाल करना पड़ा। यह बेल्ट अब कलकत्ता में एल्गिन रोड पर नेता जी भवन संग्रहालय में सुरक्षित है। स्वास्थ्य लाभ के बाद वह 1936 के आरंभ में ही गुलाम भारत के जगह-जगह घूम रहे राजदूत की अपनी भूमिका में वापस सक्रिय हो सके थे।

सुभाष चंद्र बोस 1936 के जनवरी माह में पूरे यूरोप की यात्रा पर रहे। इस दौरान उन्होंने हर दूसरे दिन प्राग, बर्लिन, कोल्न, एंटवर्प और पेरिस से एमिली को पत्र लिखे। उन्हें आंटी की ओर से दो बातों की चिंता थी। इनमें से पहली चिंता थी, आंटी का ख़राब स्वास्थ्य– उन्हें हमेशा सर्दी-खाँसी रहती थी। एक पत्र में उन्होंने लिखा, "तुम्हारी ख़राब तबीयत के बारे में जान कर मुझे दुख हुआ। मुझे इस बात से तकलीफ़ होती है। तुम अपना और ज़्यादा ध्यान क्यों नहीं रखतीं?" उन्होंने आंटी को कई उपचार भी बताए। दूसरी चिंता आर्थिक थी। यूरोप उस समय भी 1929-1933 की महामंदी की गिरफ़्त में

था। एमिली को नौकरी की ज़रूरत थी। उन्होंने जो किताब लिखने में सुभाष की मदद की थी, वह पूरी हो चुकी थी। उन्हें आय के एक स्रोत की ज़रूरत थी। सुभाष उन्हें कभी-कभार कुछ रुपए भेज देते थे ताकि वह अपनी फ्रेंच की पढ़ाई पूरी कर सकें और ज़रूरत पर दवाएँ ले सकें। उन्होंने यह भी सोचा कि एमिली को पत्रकार बन जाना चाहिए। पत्रों के ही माध्यम से उन्होंने एमिली को अंतरराष्ट्रीय मामलों पर राजनीतिक टिप्पणियाँ लिखना सिखाने की कोशिश भी की।

सुभाष चाहते थे कि वह किसी भारतीय समाचार-पत्र या पत्रिका की विएना से संवाददाता बन जाएँ। सुभाष के बहुत कहने और समझाने पर उन्होंने *दि हिंदू* समाचार-पत्र और *दि मॉडर्न रिव्यू* पत्रिका के लिए कुछ आलेख लिखे भी, लेकिन समसामयिक विषयों पर विश्लेषकीय दृष्टि से लिखने के काम में उनकी रुचि विकसित हो नहीं सकी। सुभाष उनके लिखे पर अधीर हो जाते थे और साफ़-साफ़ कह देते थे, "आपका आलेख संतोषजनक नहीं है। आपका आलेख अस्वीकृत किया जाता है।"

इस दौरान सुभाष बोस का कार्यक्रम अत्यंत व्यस्त था। पेरिस से उन्होंने 22.2.36 को लिखा–

मेरा कार्यक्रम निम्नवत है:

1. 25, मंगलवार, को लोज़ैन के लिए रवाना होना।
2. 26 को लोज़ैन में नेहरू से मुलाक़ात।
3. 27 को लोज़ैन में रोमाँ रोलाँ से विलनूव (Villeneuve) में मुलाक़ात।
4. 27 या 28 को बादगास्टाइन (कुरहाउस हॉकलैंड, बादगास्टाइन) के लिए रवाना होना।

उसी दौरान 28 फरवरी, 1936 को कमला नेहरू की स्विटज़रलैंड में मृत्यु हो गई थी। इसी कारण उन्हें लोज़ैन में ही रुकना पड़ गया था।

कमला नेहरू प्रकरण

यूरोप में कमला नेहरू प्रकरण 1930 के दशक में भारत के राजनीतिक आकाश के दो चमकदार सितारों, जवाहरलाल नेहरू और सुभाष चंद्र बोस के संबंधों पर महत्वपूर्ण प्रकाश डालता है। नेहरू सुभाष से सात साल बड़े थे लेकिन उस दौर में दोनों को युवा आदर्श के रूप में देखा जाता था और दोनों की रुचि विदेश नीति, औद्योगीकरण तथा समाजवाद में एक जैसी थी। रवींद्रनाथ टैगोर, नेहरू और सुभाष को कांग्रेस के राष्ट्रीय नेतृत्व में 'दो आधुनिकतावादियों' के रूप में देखते थे।

लेकिन, स्वभाव से दोनों एक-दूसरे से काफ़ी अलग थे। बोस सीधी-सपाट बात कहने वाले और स्पष्ट दृष्टिकोण रखने वाले व्यक्ति थे, तो नेहरू शेक्सपीयर के हैमलेट के नायक...की तरह 'होने, न होने' की दुविधा के आदी थे। दोनों के राजनीतिक जीवन की शुरुआत भी काफ़ी अलग थी। नेहरू उस समय 30 से ऊपर के थे, जब अचानक उन्हें भारतीय किसानों की गरीबी का अहसास हुआ। गांधी के प्रभाव ने उनके नज़रिए और जीवन को बदल डाला। उधर, सुभाष बचपन से ही अपने जीवन के 'लक्ष्य' के बारे में सजग थे। स्कूली जीवन में ही अपनी माँ प्रभाबती और 1911 से 1913 के बीच इंगलैंड में कानून की पढ़ाई कर रहे बड़े भाई शरत चंद्र बोस को दार्शनिक भाव से लिखे गए उनके लंबे पत्र इस बात का प्रमाण हैं कि वह गुलामी में फँसे अपने देश को लेकर पीड़ा महसूस करते थे। उन्हें बहुत पहले से ही इस बात का अहसास था कि भारत की मुक्ति के लिए अपना जीवन न्यौछावर करना ही उनकी नियति है।

जून 1935 में विएना में पित्ताशय की शल्यक्रिया के बाद स्वास्थ्य में सुधार की लंबी अवधि के दौरान सुभाष चंद्र बोस तत्कालीन चेकोस्लोवाकिया (अब चेक गणराज्य में) के स्पा रेसॉर्ट कार्लोवी वैरी जा रहे थे। इस दौरान वह विएना से प्राग तक क्षय रोग के इलाज के लिए यूरोप गई कमला नेहरू के साथ रहे। जवाहरलाल उन दिनों भारत में जेल में थे और कमला नेहरू

के साथ डॉ. कटियार थे। बोस वहाँ से सितम्बर में ऑस्ट्रिया स्थित स्वास्थ्य केंद्र हॉफगास्टाइन गए। रास्ते में वह कमला नेहरू को देखने जर्मनी में बाडनवाइलर स्थित एक स्वास्थ्य केंद्र गए। उस समय तक कमला के स्वास्थ्य में और गिरावट आ गई थी। उसी बीच ब्रिटिश सरकार ने जवाहरलाल को जेल से रिहा करने का भी फ़ैसला किया था ताकि वह अपनी बीमार पत्नी को देखने जा सकें। बाडनवाइलर में बोस उसी बोर्डिंग हाउस में रुके, जहाँ नेहरू रुके थे। जब कमला की तबीयत में थोड़ा सुधार हो गया, उसके बाद ही वह वहाँ से हॉफगास्टाइन के लिए निकले। हॉफगास्टाइन से 4 अक्टूबर 1935 को उन्होंने नेहरू को एक भावपूर्ण पत्र लिख कर कहा कि उस संकट की स्थिति में नेहरू को वह जिस भी मदद लायक लगें, नेहरू को उनसे बेहिचक कहना चाहिए। विएना लौटते हुए भी वह नेहरू दम्पति से मिलने 23 अक्टूबर को बाडनवाइलर गए थे।

इसके बाद बोस भारत के स्वतंत्रता संग्राम के बारे में प्रचार-प्रसार के लिए यूरोप के तूफ़ानी दौरे पर निकल गए थे। पेरिस से वह स्विटज़रलैंड में लोज़ैन 26 फरवरी 1936 को पहुँचे थे। उनकी योजना लोज़ैन में नेहरू दम्पति से मुलाक़ात करने के बाद दार्शनिक-संत रोमाँ रोलाँ से मिलने विलनूव जाने के बाद ऑस्ट्रिया के अपने पसंदीदा स्वास्थ्य केंद्र बादगास्टाइन जाने की थी। लेकिन, उन्होंने अपनी मित्र नाओमी वेटर को लिखा कि उन्हें लोज़ैन में रुक जाना पड़ा। कमला नेहरू की हालत काफ़ी नाजुक थी। 28 फरवरी 1936 को उनकी मृत्यु हो गई। नाओमी वेटर और एमिली आंटी को उन्होंने पत्र लिख कर बताया कि वह वहाँ कमला नेहरू के अंतिम क्रिया-कर्म की व्यवस्था में लगे थे। उन्होंने इस बात का भी ज़िक्र किया था कि अंतिम रीति-रिवाज़ कितनी सादगी और शांति के साथ निपटाए गए थे। उस समय तक इंदिरा भी लोज़ैन पहुँच चुकी थीं और आख़िरी समय में कमला नेहरू के साथ जवाहरलाल नेहरू, इंदिरा और वह तीनों लोग थे। यही तीन लोग अंतिम क्रिया-कर्म के समय भी साथ थे। कमला की मृत्यु ने नेहरू और बोस को काफ़ी क़रीब ला दिया था।

1970 के दशक में नेता जी के 1930 के दशक में यूरोप में बिताए दिनों के बारे में एक लेख पर काम करते हुए मैंने इंदिरा गांधी को पत्र लिख कर पूछा था कि क्या उन्हें स्विटज़रलैंड में उस समय की घटनाओं की कोई याद थी। कुछ ही दिनों में उनका उत्तर आ गया था कि वह लोज़ैन एकदम आख़िरी समय में पहुँची थीं और उन्हें बहुत कुछ याद नहीं है। उन्होंने उस समय की मानसिक पीड़ा का भी उल्लेख किया और सुझाया कि मुझे दिल्ली में नेहरू मेमोरियल संग्रहालय में रखे दस्तावेज़ देखने चाहिए, हो सकता है कि उनमें उनके पिता और नेता जी के बीच उस समय हुए संवादों का कोई उल्लेख हो।

सुभाष चंद्र बोस ने मार्च 1936 में भारत लौटने की इच्छा ज़ाहिर की थी। वह मार्च 1933 से यूरोप में निर्वासन भोग रहे थे। ब्रिटिश सरकार ने उन्हें चेतावनी दी कि अगर वह भारत वापस आते हैं तो उन्हें तुरंत गिरफ़्तार कर जेल में डाल दिया जाएगा। उनके लिए वह कठिन निर्णय का समय था। उन्होंने इस मसले पर रोमाँ रोलाँ और नेहरू से सलाह ली। अंततः उन्होंने चुनौती को स्वीकार करते हुए भारत वापस आने का फ़ैसला किया। इस मौके पर वह एमिली को छोड़ कर जाने की उदासी के बारे में भी किसी से कुछ नहीं कह सकते थे। उन्हें पता था कि उनका जीवन अनिश्चितताओं से भरा है। वह इस बारे में भी निश्चित थे कि वह भविष्य में एमिली को फिर देख सकेंगे। ऐसी मानसिक यंत्रणा के क्षणों में उन्होंने एमिली आंटी को एक अत्यंत भावपूर्ण पत्र लिखा। इस पत्र को उन्होंने शिशिर को 1993 में प्रकाशन के लिए दी गई पत्रों की गड्डी से अलग कर लिया था। इसी कारण से इस पत्र को नेता जी शोध केंद्र, कलकत्ता द्वारा *लेटर्स टु एमिली शेंकल, 1934-42* के रूप में प्रकाशित नेता जी समग्र के खंड 7 में शामिल नहीं किया जा सका था।

जून 1994 में हम सुभाष और एमिली की पहली मुलाक़ात की 60वीं वर्षगाँठ मनाने के लिए दोबारा ऑग्सबर्ग गए थे। उस मौके पर हम उन्हीं दिनों प्रकाशित पत्रों का ग्रंथ भी उनके लिए ले गए थे। उन्होंने जब उस पुस्तक

नेता जी भवन, कलकत्ता में नेता जी के पत्रों से संबंधित ग्रंथ के लोकार्पण के अवसर पर शिशिर, कृष्णा तथा पश्चिम बंगाल के तत्कालीन राज्यपाल के.वी. रघुनाथ रेड्डी, 1994

को हाथ में लिया तो उनका चेहरा प्रसन्नता से चमक उठा। अनिता ने उस दिन उत्सव भोज के रूप में 'रोस्ट टर्की' बनाया था। हम लोगों ने आंटी के गले में भारत से लाया हुआ एक स्कार्फ़ डाला। हमने उन्हें एक कार्ड भी दिया, जिस पर एक बाघ का चित्र बना हुआ था। हमें पता था कि सुभाष उन्हें बाघिनी (बाघिन के लिए बांग्ला शब्द) कहते थे। उन्होंने कार्ड खोला। उसमें अंदर लिखा था, 'दहाड़ती रहिए' और उसके नीचे शिशिर, मेरा और हमारे तीनों बच्चों का हस्ताक्षर था। इसे देख कर आंटी हँसी और बोलीं, "मैं ऐसा ही करूँगी।" वह शाम मेरी स्मृतियों में हमेशा के लिए अंकित हो गई है।

अगली सुबह आंटी ने मुझे कागज़ का एक टुकड़ा दिया और कहा, "कृष्णा, यह मेरी ओर से तुम्हारे लिए है।" थोड़ा आश्चर्यचकित-सी मैंने काफ़ी पुराने से लग रहे कागज़ के उस टुकड़े को देखते हुए पूछा कि यह क्या है? इस पर आंटी ने जवाब दिया, "यह एक प्रेमपत्र है।" वह सचमुच एक सुंदर-सा प्रेमपत्र ही था। उसे पढ़ कर मैं काफ़ी भावुक हो गई। उस पत्र पर कोई

स्टाडबर्गन, ऑग्सबर्ग स्थित अनिता के आवास पर एमिली और शिशिर, जून, 1994

सुभाष और एमिली के पत्रों की नवप्रकाशित पुस्तक के साथ एमिली, जून 1994

सुभाष और एमिली के पत्रों की पुस्तक के प्रकाशन के जश्न में आयोजित रोस्ट टर्की डिनर, स्टाडबर्गन, ऑग्सबर्ग, जून 1994

तिथि नहीं थी, लेकिन उसके लिफ़ाफ़े पर 5 मार्च 1936 की डाकखाने की मुहर लगी थी।

सुभाष ने एमिली को लिखा था, "मुझे नहीं पता कि भविष्य के गर्भ में मेरे लिए क्या है। हो सकता है कि मुझे अपना जीवन जेल में बिताना पड़े, हो सकता है कि मुझे गोली मार दी जाए या फाँसी पर चढ़ा दिया जाए।" उन्होंने आगे लिखा, "हो सकता है कि मैं तुम्हें दोबारा कभी न देख सकूँ या फिर मैं दोबारा वापस आने पर कभी तुम्हें पत्र न लिख सकूँ– लेकिन मेरा विश्वास करो कि तुम हमेशा मेरे हृदय में, मेरे विचारों में और मेरे सपनों में ज़िंदा रहोगी।"

फिर उन्होंने एमिली से वादा किया, "क़िस्मत अगर हमें इस जीवन में अलग कर ही देती है तो मैं अगले जीवन में तुम्हारी कामना करूँगा।"

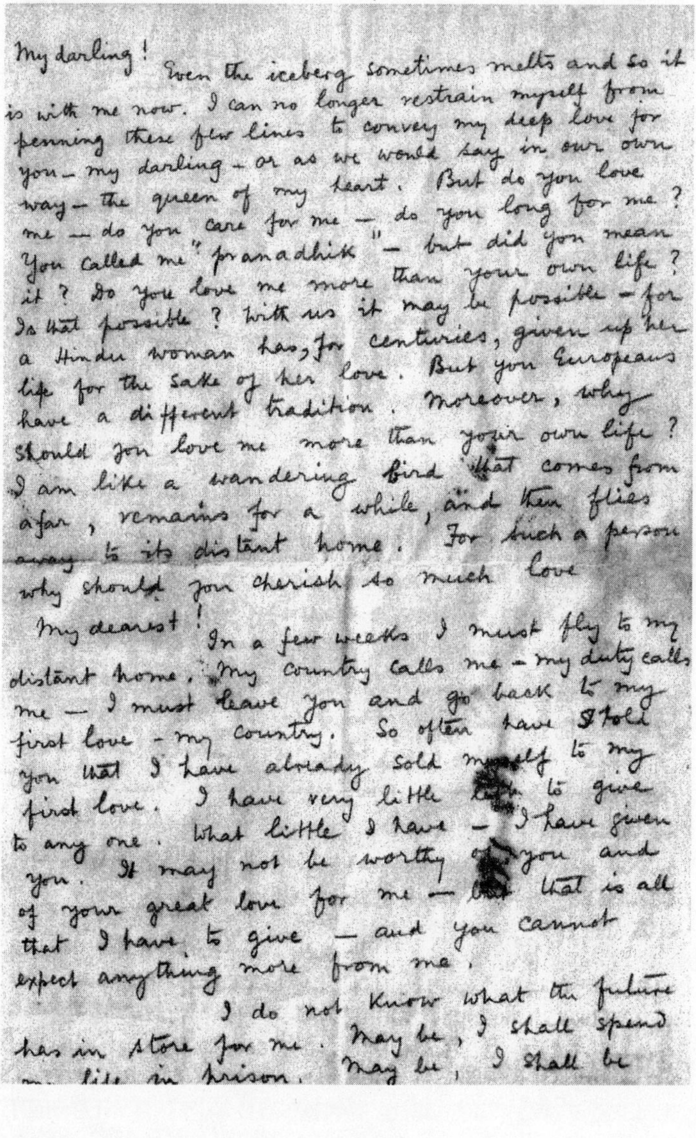

My darling!

Even the iceberg sometimes melts and so it is with me now. I can no longer restrain myself from penning these few lines to convey my deep love for you – my darling – or as we would say in our own way – the queen of my heart. But do you love me – do you care for me – do you long for me? You called me "pranadhik" – but did you mean it? Do you love me more than your own life? Is that possible? With us it may be possible – for a Hindu woman has, for centuries, given up her life for the sake of her love. But you Europeans have a different tradition. Moreover, why should you love me more than your own life? I am like a wandering bird that comes from afar, remains for a while, and then flies away to its distant home. For such a person why should you cherish so much love

My dearest!

In a few weeks I must fly to my distant home. My country calls me – my duty calls me – I must leave you and go back to my first love – my country. So often have I told you that I have already sold myself to my first love. I have very little left to give to any one. What little I have – I have given you. It may not be worthy of you and of your great love for me – but that is all that I have to give – and you cannot expect anything more from me.

I do not know what the future has in store for me. May be, I shall spend my life in prison. May be, I shall be

एमिली को सुभाष का प्रेमपत्र, मार्च 1936, पृष्ठ-1

2

shot or hanged. But whatever happens, I shall think of you and convey my gratitude to you in silence for your love for me. May be I shall never see you again — may be I shall not be able to write to you again when I am back — but believe me, you will always live in my heart, in my thoughts and in my dreams. If fate should thus separate us in this life — I shall long for you in my next life. And if you believe in my religion — pray similarly.

My angel! I thank you for loving me and for teaching me to love you.

My sweetest! Be a good girl, be a pure girl — and above all, be unselfish. Care not for any sorrow or suffering that may come. Sorrow and suffering cannot make you unhappy if you are unselfish. If you are selfish, nothing can make you happy. This is the only advice I can give you — your "guru" (I think you once called me as such). I hate selfishness and I dislike selfish people. You have an unselfish heart — that is why I could love you. Make that heart more and more unselfish and you will increase your happiness in this life and after.

My queen! Should we not meet again after I leave Europe, think kindly of me. Do not blame me for not loving you more. I have given what I had — how can I give more? With these lines, I send you the tears that

एमिली को सुभाष का प्रेमपत्र, मार्च 1936, पृष्ठ-2

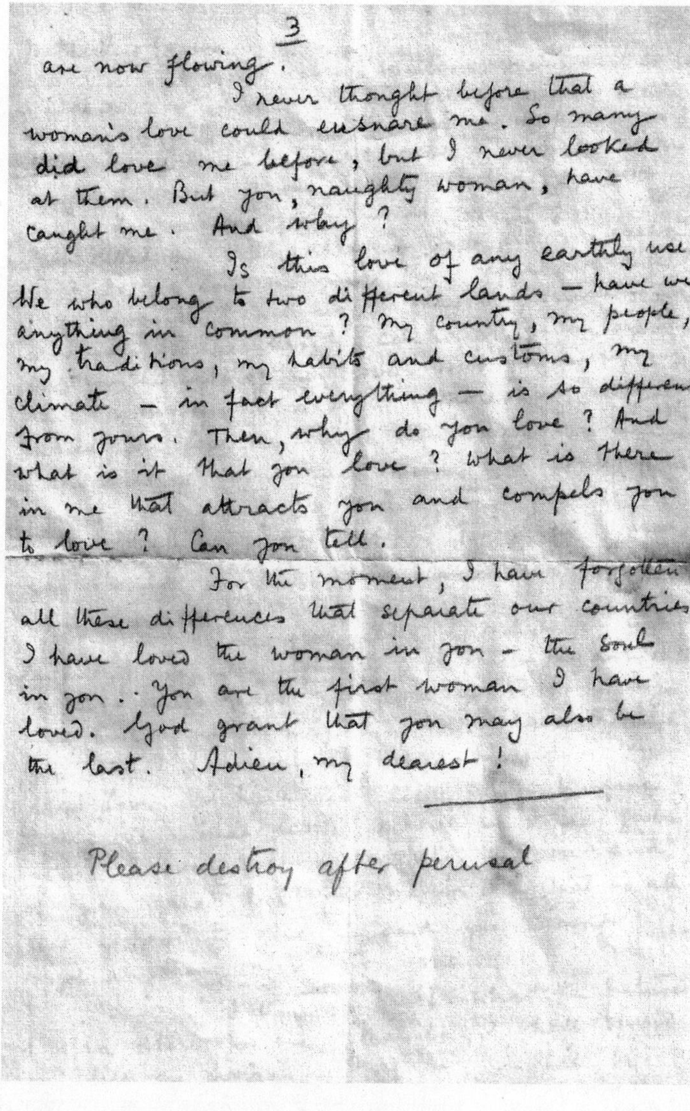

3

are now flowing.

I never thought before that a woman's love could ensnare me. So many did love me before, but I never looked at them. But you, naughty woman, have caught me. And why?

Is this love of any earthly use? We who belong to two different lands — have we anything in common? My country, my people, my traditions, my habits and customs, my climate — in fact everything — is so different from yours. Then, why do you love? And what is it that you love? What is there in me that attracts you and compels you to love? Can you tell.

For the moment, I have forgotten all these differences that separate our countries. I have loved the woman in you — the soul in you.. You are the first woman I have loved. God grant that you may also be the last. Adieu, my dearest!

Please destroy after perusal

एमिली को सुभाष का प्रेमपत्र, मार्च 1936, पृष्ठ-3

क्योंकि यह ऐतिहासिक पत्र उस समय प्रकाशित हुए खंड में शामिल नहीं किया जा सका था, इसलिए हमने इसे नेता जी शोध केंद्र द्वारा प्रकाशित की जाने वाली अगली पुस्तक *एसेंशियल राइटिंग्स ऑफ नेता जी सुभाष चंद्र बोस* में प्रकाशित करने का फ़ैसला किया।

उस पत्र में, 'मैंने तुम्हारे भीतर की स्त्री– तुम्हारी आत्मा– को प्रेम किया है,' लिखने के बाद नेता जी ने पत्र का समापन उसे पढ़ कर नष्ट कर देने के निर्देश के साथ किया था। दोनों प्रेमियों को ब्रिटिश जासूसों की ताक-झाँक के अलावा नाज़ी शासन की कठोर रंगभेदी नीतियों का भी ध्यान रखना पड़ता था। यह कहना बेमतलब है कि आंटी ने इस निर्देश पर कोई ध्यान नहीं दिया था।

लंबे अलगाव से पहले सुभाष और एमिली बादगास्टाइन में 17 मार्च से 26 मार्च 1936 तक दस दिन साथ रहे थे। सुभाष ने एमिली से आग्रह किया था कि वह कुछ दिनों के लिए आ जाएँ। वह इस बात को लेकर चिंतित थे कि क्या एमिली के माता-पिता उन्हें वहाँ जाने की अनुमति देंगे। वे वहाँ कुरहाउस हॉकलैंड नाम के स्पा होटल में रुके थे। वे इस सुंदर ऑस्ट्रियाई गाँव के निर्जन पहाड़ी रास्तों पर साथ-साथ काफ़ी दूर तक टहलने जाया करते थे। टहलते हुए ही वे वहाँ से ग्रूनर बाम रेस्तराँ तक जाकर वहाँ कॉफी पीते थे। ग्रूनर बाम आज भी बहुत व्यस्त होटल है और 2008 की गरमियों में जब अनिता, मार्टिन, सुगात, सुमंत्र और मैं ऑग्सबर्ग से बादगास्टाइन गए थे तो हमने भी वहाँ कॉफी पी थी।

लंबा वियोग

सुभाष का जलपोत *कांते वर्दे* 8 अप्रैल 1936 को बम्बई पहुँचा। जैसे ही वह पोत से उतरे, उन्हें गिरफ़्तार कर लिया गया और शहर में ही आर्थर रोड कारागार ले जाया गया। बाद में उन्हें पूना (पुणे) की यरवदा जेल में स्थानांतरित कर दिया गया था।

यहाँ पहुँचने के बाद सुभाष ने एमिली को अपनी गतिविधियों की जानकारी देने का रास्ता खोज निकाला था। उन्होंने जेल से एमिली को पत्र लिखा कि वह अपनी दवाएँ साथ लाना भूल गए थे। उन्होंने जेल अधीक्षक से उस पत्र को सेंसर और अनुमति देने की प्रक्रिया के माध्यम से जल्दी से जल्दी भिजवाने का आग्रह किया और पत्र भिजवा दिया। भारत आने के रास्ते में *कांते वर्दे* से भी वह एमिली को लगातार पत्र लिखते रहे थे।

पूना में गरमी के मौसम में सुभाष को स्वास्थ्य संबंधी समस्याएँ हो गईं। इसके बाद उन्हें दार्जीलिंग पहाड़ियों के बीच कुर्सियांग शहर भेजा गया। उन्होंने एमिली को पत्र लिखा कि कुर्सियांग में उनके बड़े भाई शरत का एक अवकाश-गृह था और उन्हें उसी बंगले में नज़रबंद रखा गया था। उन्होंने एमिली को नज़रबंद किए जाने का अर्थ भी समझाया। वास्तव में वह कुर्सियांग के बंगले में अकेले नज़रबंद थे। उनके सभी पत्र दार्जीलिंग के पुलिस अधीक्षक को भेजे जाते थे, जो उनकी जाँच और अनुमति के बाद डाक में जाते थे। आंटी ने कुर्सियांग का नाम कभी नहीं सुना था, सो सुभाष ने उन्हें नक़्शे पर दार्जीलिंग ढूँढ़ने के लिए कहा।अगले 20 महीनों तक सुभाष और एमिली का सम्पर्क पत्रों के माध्यम से बना रहा। इस दौरान भेजे गए उनके पत्रों का औपचारिक होना एक बाध्यता थी क्योंकि उन सभी को पुलिस खोलती और पढ़ती थी। इन पत्रों में लिखी गई बातों का अन्यार्थ ढूँढ़ा जाए तो इनके माध्यम से बहुत-से हलके-फुलके संकेतों और इशारों का आदान-प्रदान हो रहा था। आंटी की ओर नेता जी को भेजे गए इसी अवधि के कुछ पत्र शिशिर को मिले थे।

आंटी अपने पत्रों में सुभाष को विएना के सारे समाचार देती थीं। वे एक-दूसरे के स्वास्थ्य के प्रति भी चिंतित रहते थे। एमिली फ्रेंच सीख रही थीं जबकि सुभाष जर्मन सीख रहे थे। एक पत्र में उन्होंने स्वीकार किया था कि वह बहुत प्रगति नहीं कर सके हैं। उन्होंने लिखा कि अकेलेपन में वह जर्मन व्याकरण से ज़्यादा रोचक कोई चीज़ पढ़ना चाहते हैं। उन्होंने आंटी से कहा

कि वह संस्कृत कवि कालिदास की रचना *शकुंतला* की प्रशंसा में लिखी गेटे की कविता तलाशें। उन्होंने एमिली को इस कविता के अंग्रेज़ी अनुवाद की कुछ लाइनें भेज कर उन्हें मूल जर्मन कविता भेजने के लिए कहा था। ये लाइनें थीं–

> चढ़ते यौवन-सी गदराई और प्रौढ़ यौवन फल से तुम भरी हुई,
> वह सब जिससे लिप्त, भुक्त और छकी हुई है आत्मा मेरी,
> किसी एक ही नाम में गुँथा स्वर्ग-मर्त्य सब,
> ओ शकुंतले, नाम तुम्हारा बरबस ही आता है मुख पर।

कुर्सियांग में सुभाष का एकाकीपन कभी-कभार टूटता था उनके दो भतीजों– शिशिर और अमिय– के पहुँचने पर, जिन्हें एक पखवाड़े तक उनके साथ रहने की अनुमति मिलती थी। उनको कुर्सियांग की जिस पहाड़ी के पास यह बंगला स्थित था, उसके सामने की सड़क हिल कार्ट रोड पर बंगले के दोनों तरफ एक मील तक टहलने की अनुमति भी मिली थी। शिशिर ने अपने चाचा के साथ इस सड़क पर टहलने के अनुभवों को 1985 में बांग्ला में प्रकाशित अपनी पुस्तक *बोसु-बारी* में और 2016 में अंग्रेज़ी में प्रकाशित *दि बोस ब्रदर्स, एन इंटीमेट मेमॉयर* में लिखा है। वे दोनों जब वापस चले गए तो उन्होंने एमिली को लिखा, "मैं फिर अकेला हो गया हूँ। मेरे दोनों भतीजे, जिन्हें मुझसे मिलने की अनुमति मिली थी, वापस जा चुके हैं। अकेला होना कोई बुरी बात नहीं है, लेकिन कई बार आदमी इससे ऊब जाता है।" यहाँ रहने के दौरान ही उन्होंने एक ग्रामोफोन मँगा लिया था और उस पर यूरोपीय संगीत सुनते थे। उन्होंने एमिली को लिखा था कि वह उन्हें अच्छे संगीत रिकॉर्ड की एक सूची भेज दें। वे दोनों अपनी-अपनी जगहों के फोटो खींच कर एक-दूसरे को डाक से भेजते थे। *बिजोय* और क्रिसमस के मौकों पर भी वे दोनों एक-दूसरे को शुभकामनाएँ भेजते थे। एमिली ने एक पत्र में लिखा, "बिजोय के मौके पर तुम्हारी शुभकामनाएँ पा कर मुझे और मेरे माता-पिता को बहुत खुशी हुई। कृपया हमारा धन्यवाद और इस

अवसर की बधाइयाँ स्वीकार करें। (यदि किसी गैर-हिंदू का बिजोय की शुभकामनाएँ देना संभव हो।)"

इन पत्रों में सबसे रोचक था, सुभाष का एमिली को भोवाल साधु से जुड़ा पेचीदा कानूनी मसला समझाना और यहाँ तक कि इससे जुड़े समाचारों की क्लिपिंग भेजना। उन दोनों के बीच आध्यात्मिक विषयों पर भी चर्चा होती थी। सुभाष ने उन्हें 'गीता' पढ़ने की सलाह देते हुए चेताया था कि उन्हें यह थोड़ी कठिन लग सकती है। एमिली की आध्यात्मिक मामलों में रुचि थी लेकिन उनका कहना था कि वह इसके लिए दुनिया छोड़ने को तैयार नहीं हैं, "पहली बात यह कि मुझे लगता है संसार से विरत होना ठीक नहीं होगा क्योंकि सक्रिय जीवन में कोई व्यक्ति किसी लक्ष्य की पूर्ति के लिए काम कर सकता है, संन्यासी बन कर कोई उपयोगी लक्ष्य नहीं हासिल किया जा सकता।" सुभाष ने उन्हें 'हमारी बाइबल' *भगवद्गीता* का जर्मन अनुवाद हासिल करने का सुझाव दिया था। फिर उन्होंने समझाया था, "उसमें सबसे महत्वपूर्ण दूसरा अध्याय है, जो कर्मयोग या कार्य के माध्यम से पूजा या कार्य के माध्यम से जुड़ाव की व्याख्या करता है।"

नवंबर से कुर्सियांग में कड़ाके की ठंड पड़ने लगी थी। कमज़ोर स्वास्थ्य वाले सुभाष के लिए उसे सह पाना कठिन हो रहा था तब उन्हें कलकत्ता मेडिकल कॉलेज अस्पताल में क़ैदी के रूप में स्थानांतरित किया गया। एमिली को 1937 में नए साल की शुभकामनाएँ इसी अस्पताल से भेजी थीं। यहाँ भी दोनों के बीच पत्र व्यवहार सामान्य तरीक़े से ज़ारी रहा था। सुभाष ने उन्हें सूचित किया था कि कुर्सियांग में अकेले क़ैद होने की ऊब भरी ज़िंदगी की तुलना में वह यहाँ कलकत्ता में बेहतर महसूस कर रहे थे और उन्हें अपनी वृद्धा माँ को सप्ताह में दो बार देखने जाने की अनुमति मिल गई थी।

सभी लोगों को इस बात पर बड़ी हैरानी हुई कि 17 मार्च 1937 को उन्हें अचानक रिहा कर दिया गया था। इसके अगले ही दिन उन्होंने एमिली को

पत्र लिख कर यह शुभ समाचार दिया था। उन्होंने एमिली को फिर चेताया था कि यद्यपि उन्हें मुक्त कर दिया गया है, फिर भी उनके पत्रों पर पुलिस की निग़ाह होगी। एमिली ने यह समाचार श्रीमती नाओमी वेटर समेत विएना में सुभाष के सभी मित्रों तक पहुँचा दिया था। सुभाष ने उनसे यह समाचार अपनी मित्र श्रीमती किटी कुर्ती तक पहुँचाने का आग्रह किया था, जो उस समय बर्लिन में थीं। क़ैद से आज़ाद होने के बाद वह एक बार फिर से बहुत व्यस्त हो गए। बहुत-से लोग उनसे मिलने आने लगे थे। लेकिन, उस समय भी वह पूरी तरह से स्वस्थ नहीं थे और उन्हें फेफड़ों और यकृत की तकलीफ़ें थीं। एमिली उनका उत्साह बढ़ाने वाले पत्र लिखती थीं कि स्वतंत्रता पाकर अब उनका स्वास्थ्य तेज़ी से सुधरेगा। दोनों ने एक-दूसरे से वादा किया था कि कितनी भी व्यस्तता हो, वे हर सप्ताह पत्र लिखेंगे।

चिकित्सकों ने सलाह दी थी कि सुभाष को 1937 की गरमियों में किसी पहाड़ी प्राकृतिक स्थल पर आराम करना चाहिए। इसके बाद वह डलहौज़ी गए, जो उस समय पंजाब में था और अब हिमाचल प्रदेश में है। उन्होंने आंटी से नक़्शे पर वह रास्ता तलाशने के लिए कहा, जिससे होकर वह कलकत्ता से डलहौज़ी गए थे। कलकत्ता से वह पहले इलाहाबाद गए थे और वहाँ से लाहौर, जहाँ उन्होंने कुछ समय बिताया था। डलहौज़ी में वह डॉ. एन.आर. धर्मवीर के साथ रुके थे, जिनसे उनकी मुलाक़ात छात्र जीवन में इंगलैंड में हुई थी। उनकी पत्नी श्रीमती (विक्टोरिया) धर्मवीर अंग्रेज़ थीं और उनके प्रति काफ़ी स्नेह रखती थीं। सुभाष उन्हें दीदी अर्थात बड़ी बहन कहते थे। एमिली उनके बारे में नहीं जानती थीं और उन्होंने पूछा था कि क्या उनसे किसी स्वास्थ्य केंद्र में मुलाक़ात हुई थी। सुभाष ने इसे स्पष्ट किया था कि वे लोग काफ़ी समय से आपस में मित्र थे और सुभाष उन्हीं के आवास में उनके मेहमान थे।

क़ैद से छुटकारा पाने के बाद सुभाष पहले से ज़्यादा साहसी हो गए थे और एमिली को लिखे पत्रों में यदा-कदा प्रेम जताने वाले जर्मन शब्द डाल दिया

करते थे। 27.5.37 को लिखे एक पत्र में उन्होंने ऐसी ही दो लाइनें जर्मन में लिखी थीं। इनमें उन्होंने कहा था, "क्या तुमने मुझे भुला दिया है? तुम इतना कम क्यों लिखती हो? मुझे तुम्हारे पत्रों का इंतज़ार रहता है– क्या तुम यह नहीं जानतीं?" एक और पत्र था, जिस पर कोई तारीख़ नहीं पड़ी थी। बड़े अक्षरों में लिखे इस पत्र को कार्लोवी वैरी (कार्ल्सबाद) से किसी मित्र फ्राउ लोवी ने इसे डाक में डाला था। इसमें उन्होंने लिखा था, "एक भी दिन ऐसा नहीं जाता, जब मैं तुम्हें याद न करता होऊँ। तुम हमेशा मेरे साथ ही रहती हो। मुझे नहीं पता कि मैं भविष्य में क्या करूँगा। मैं इस पर फ़ैसला नहीं ले पा रहा हूँ। मैं तुम्हें बता नहीं सकता कि इन महीनों में मैं कितना अकेला और दुखी महसूस करता रहा हूँ।" उन्होंने एमिली से यह आग्रह भी किया था कि वह उन्हें साधारण जर्मन में पत्र लिखें, जिससे वह उसे समझ सकें और ताकीद भी की थी कि वह उस पर हस्ताक्षर न करें। उन्होंने सुभाष को ऐसा पत्र भेजा भी था, परंतु बाद में वह मिला नहीं। हालाँकि, सुभाष ने उन्हें इसके बाद लिखे पत्र में बताया था कि उन्हें पत्र मिल गया था और वह उसे समझ भी गए थे।

एक रोचक पत्र में एमिली ने सुभाष को सूचित किया था कि डॉ. बिधानचंद्र रॉय अपनी भाभी और भतीजी रेनू तथा कुछ अन्य लोगों के साथ विएना में हैं। वह रॉय परिवार की महिलाओं को विएना घुमा रही थीं और डॉ. रॉय के लिए टाइपिंग भी कर रही थीं। ऐसा लगता था कि उन्हें भारतीयों के साथ आनंद आ रहा था। रेनू को विएना की पाक-कला सीखनी थी, जबकि डॉ. रॉय ने उन्हें इलायची और पान दिया था, जिसे वह शौक से खा रही थीं। उसी दौरान उन्हें बंगाली वेशभूषा में सुभाष का एक फोटो मिला था। उस फोटो को देख कर उन्हें लग रहा था कि कुरते की बाँहें बहुत लंबी थीं और वह नाइटगाउन जैसा लग रहा था। इसके जवाब में सुभाष ने उन्हें समझाने की कोशिश की थी कि भारतीय शैली की कमीज़ (कुरता) में वैसी बाँहें आम हैं।

डलहौज़ी में रहने के दौरान जर्मन भाषा पर सुभाष की पकड़ कुछ बेहतर हो गई थी। अगस्त और सितम्बर में उन्होंने एमिली को जर्मन में लंबे-लंबे

पत्र लिखे थे और कहा था कि वह उत्तर भी जर्मन में ही दें। वह यह भी जानना चाहते थे कि उनकी जर्मन भाषा के बारे में एमिली का क्या ख़याल है। उन्होंने विएना के अपने सभी मित्रों– श्रीमती नाओमी वेटर, श्रीमती हेडी फुलॉप-मिलर, श्री ओटो फाल्टिस, श्रीमती हारग्रोव, अपने सर्जन डॉ. डीमेल आदि के बारे पूछा था। एमिली उन्हें इन सब की जानकारियाँ देती थीं। डलहौज़ी प्रवास खतम हुआ तो सुभाष ने एमिली को कलकत्ता जाते हुए ट्रेन से पत्र लिखा।

4 नवंबर 1937 को सुभाष ने एमिली को जर्मन में छपाई के अक्षरों में हाथ से पत्र लिखा। उन्होंने उस पत्र में आंटी के लिए 'प्रिय, गरिमामयी युवती' संबोधन का प्रयोग किया था। इस पत्र में उन्होंने सूचित किया था कि वह नवंबर के मध्य में यूरोप में होंगे। पत्र में बादगास्टाइन की यात्रा के बारे में वह गोपनीयता बरतते लगते हैं। उन्होंने आंटी से कुरहाउस हॉकलैंड में उन दोनों के पाँच सप्ताह ठहरने की व्यवस्था करने को कहा। उन्होंने यह भी कहा कि यह बात वह अपने माता-पिता के अलावा किसी और को न बताएँ। सुभाष ने लिखा कि वह सुभाष के पहुँचने के पहले बादगास्टाइन पहुँच जाएँ और उनसे बॉनहॉफ (रेलवे स्टेशन) पर मिलें। यह भी लिखा कि वह इस पत्र का उत्तर न दें बल्कि उनके यूरोप पहुँचने के तार का इंतज़ार करें।

1937 के जाड़ों में बादगास्टाइन की यात्रा सुभाष और एमिली की कहानी में बहुत महत्वपूर्ण साबित हुई। लंबी जुदाई के बाद वे दोनों अपने पसंदीदा ऑस्ट्रियाई आरामगाह में मिल रहे थे, जिसके चारों ओर बर्फ़ पड़ी हुई थी। शुरुआती कुछ दिनों में एमिली की मदद से बोस ने अपनी आत्मकथा के 10 अध्याय लिख डाले थे। यह उनकी अधूरी आत्मकथा है, जिसे उन्होंने *एन इंडियन पिलग्रिम* नाम दिया था। इसमें उन्होंने 1921 में इंडियन सिविल सर्विसेज़ छोड़ने तक की कथा लिखी थी। इसके बाद कुछ समय के लिए कुछ लोग उनसे मिलने आ गए। इनमें ए.सी.एन. नाम्बियार, हेडी फुलॉप-मिलर और उनके भतीजे अमिय शामिल थे। इनमें सबसे रोचक आगंतुक थे,

बादगास्टाइन में एमिली और सुभाष, दिसम्बर 1937

बाएँ से दाएँ : बादगास्टाइन में ए.सी.एन. नाम्बियार, हेडी फुलॉप-मिलर, सुभाष, एमिली और अमिय नाथ बोस के साथ अल्सेशियन कुत्ता रॉल्फ, दिसम्बर 1937

बाएँ से दाएँ : ए.सी.एन. नाम्बियार, हेडी फुलॉप-मिलर, सुभाष, अमिय नाथ बोस और एमिली। बादगास्टाइन, दिसम्बर 1937

सुभाष और एमिली के बीच खड़े हैं ए.सी.एन. नाम्बियार, दिसम्बर 1937

मशहूर फोटोग्राफर और फिल्म निर्माता ए.के. चेट्टियार। उन दिनों वह गांधी पर एक फिल्म बना रहे थे। उन्होंने नेता जी के साथ बादगास्टाइन में बिताए कुछ दिनों के बारे में बहुत रोचक विवरण दिया है। चेट्टियार अपने मेज़बान की दयालुता और ख़याल रखने वाले स्वभाव से अभिभूत थे। चेट्टियार जब कुरहाउस हॉकलैंड पहुँचे तो नेता जी उनके साथ उनके कमरे में गए और जाँच-परख कर देखा कि कमरे और बाथरूम में सब कुछ ठीकठाक था। बाहर की जमा देने वाली सर्दी में फोटोग्राफ्स लेते हुए जब उनकी उंगलियाँ सुन्न हो जाती थीं तो नेता जी अपने रूमाल से रगड़ कर उन्हें गरमी पहुँचाने की कोशिश करते थे। उनकी वापसी की यात्रा का टिकट खरीदने के लिए उन लोगों को पड़ोस के कस्बे तक जाना पड़ा। पूरा इलाका बर्फ़ीला होने के कारण नेता जी ने एक स्लेज का इंतजाम किया। बादगास्टाइन वापसी की यात्रा में नेता जी ने उन सभी को स्लेज में बिठा दिया और कहा कि वह खुद पैदल आएँगे। उन्हें बादगास्टाइन पहुँचने में काफ़ी समय लगा और जब तक वह पहुँच नहीं गए, सभी लोग बेचैनी से उनकी राह देखते रहे। चेट्टियार की ही वजह से बादगास्टाइन में उन ऐतिहासिक दिनों के फोटोग्राफ्स आज भी उपलब्ध हैं।

एमिली आंटी ने जब कई दशक बाद अपनी चुप्पी तोड़ी, तब पता चला कि उसी दौरान 26 दिसम्बर 1937 को उनके 27वें जन्मदिन पर सुभाष और एमिली ने शादी की थी और इसे गुप्त रखने का फ़ैसला किया था। इस गोपनीयता के पीछे जो भी कारण रहे हों, मैं इसे आंटी की ओर से किए गए बड़े बलिदान के रूप में देखती हूँ। उन्होंने जब सुगात से कहा कि वह कोई परेशानी नहीं खड़ी करना चाहती थीं तो मुझे लगता है कि उनका आशय था कि अपनी ओर से उन्होंने सुभाष को उनके 'पहले प्यार'– भारत के प्रति पूरी तरह से समर्पित रहने की पूरी छूट दी थी।

सन 2008 की गरमियों में सुगात, सुमंत्र और मैं ऑग्सबर्ग के बाहर अनिता और मार्टिन के स्टाडबर्गन स्थित घर में छुट्टियाँ मना रहे थे। उसी दौरान

सुगात ने सुझाव दिया कि हमें बादगास्टाइन चलना चाहिए, जो ऑस्ट्रिया के साल्जबर्ग प्रांत में पड़ता है। अनिता, मार्टिन, सुमंत्र और मैं सुगात के साथ कार से वहाँ के लिए चल पड़े। सुगात कार चला रहा था। ऑस्ट्रिया-जर्मनी सीमा पार कर हम ऑस्ट्रिया में दाखिल होकर पहाड़ों के बीच चलते रहे। हमारे रास्ते में दोनों ओर बहुत खूबसूरत दृश्यावली थी। कुछ घंटों के बाद हम बादगास्टाइन पहुँचे तो हमें बर्फ़ से ढकी ऊँची पहाड़ी चोटियों के बीच एक साफ़ और सुंदर-सा गाँव मिला।

हमने उन जगहों को देखना तय किया, जहाँ आंटी और नेता जी अकसर जाया करते थे। उसी समय अचानक कुरहाउस हॉकलैंड का नाम मेरे दिमाग़ से उतर गया। इस पर मैंने अपने मोबाइल से कलकत्ता में नेता जी शोध केंद्र में फोन किया। मेरा फोन उठाया नेता जी भवन के स्थानीय अधीक्षक ने। उन्होंने बताया कि भारी बारिश से पूरा कलकत्ता जलभराव का शिकार है और कोई कर्मचारी नहीं आया है। इससे मुझे बड़ी निराशा हुई। लेकिन, थोड़ी ही देर में उनका फोन आ गया कि वह भवन के पुस्तकालय में गए और एक ग्रंथ निकाला तो उसमें पाया कि नेता जी ने वहाँ 'कुरहाउस हॉकलैंड' नाम की किसी जगह से पत्र लिखे थे।

सुगात ने अपनी कार का सैटेलाइट नेविगेशन चालू कर दिया और इससे आती आवाज़ हमें निर्देशित करती रही, 'बाएँ जाएँ या दाएँ जाइए और अब सीधे चलते रहें।' फिर उसने घोषणा की, 'आप अपने गंतव्य पर पहुँच चुके हैं।' हम कार से उतर कर थोड़ी देर तक निस्तब्ध से कुरहाउस हॉकलैंड के सामने खड़े रहे। इसके भूतल पर एक कैफे था, लेकिन वह बंद था। यह तीन-मंज़िला भवन राजसी शांति के साथ हमारे सामने खड़ा था। इस तंद्रा से सबसे पहले बाहर आया सुमंत्र, तुरंत इस भवन की ओर बढ़ चला। जैसे ही वह उसके पास पहुँचा, एक अल्सेशियन कुत्ता भौंकता हुआ बगीचे की दीवार के पास तक आ गया। उस क्षण में मैं कोई 70 साल पहले 1937-38 की सर्दियों में पहुँच गई। बादगास्टाइन से जुड़ी बातों के क्रम में मैंने

बादगास्टाइन में सुभाष और एमिली, मार्च 1936

बादगास्टाइन में कुरहाउस हॉकलैंड के सामने कृष्णा, अनिता और मार्टिन, जून 2008

आंटी से एक अल्सेशियन के बारे में बहुत-सी बातें सुन रखी थीं। सर्दी में बर्फ़ीली चादर ओढ़े सुंदर बादगास्टाइन में नेता जी और आंटी के साथ उस अल्सेशियन के फोटोग्राफ हैं। आंटी ने मुझे एक बार बताया था, "हम दोनों अकसर कुत्ते को साथ लेकर काफ़ी दूर तक टहलने निकल जाया करते थे। कई बार कुछ दूर जाने के बाद मैं थक कर लौटने के लिए मुड़ जाती थी जबकि तुम्हारे अंकल आगे बढ़ते रहते थे। ऐसे मौकों पर अल्सेशियन दुविधा में पड़ कर कभी मुझे देखता तो कभी उन्हें। उसकी समझ में नहीं आता था कि वह किसके साथ जाए।"

दरवाज़े पर थोड़ा शोर होता सुन कर एक महिला नीचे आई और हमसे बात की। वह यह जान कर थोड़ा आश्चर्यचकित थीं कि हम उस जगह को देखने आए थे, जहाँ हमारे रिश्तेदारों ने लगभग 70 साल पहले छुट्टियाँ बिताई थीं। वह कुरहाउस की मौजूदा मालकिन थीं। उन्होंने हमसे कहा कि अगली

बादगास्टाइन, ऑस्ट्रिया के ग्रूनर बाम रेसॉर्ट के सामने कृष्णा और अनिता, जून 2008

बार आने पर हम कुरहाउस हॉकलैंड में रुकें। अनिता ने उनसे उस कॉफी हाउस ग्रूनर बाम का पता पूछा, जहाँ सुभाष और एमिली अकसर जाया करते थे। उन्होंने हमें रास्ता बता दिया और हम वहाँ से ग्रूनर बाम की ओर निकल गए। ग्रूनर बाम के चारों ओर के अनुपम प्राकृतिक सौंदर्य ने हम पर अद्भुत प्रभाव डाला। हम एक सुंदर से घास के मैदान में बैठ गए। इस हरे-भरे मैदान में दूर तक गरमी के फूल खिले हुए थे, चारों ओर पहाड़ों के बीच सुंदर साफ़ नीला आकाश था। पहाड़ों की बर्फ़ से ढकी चोटियों में से कुछ पर से बर्फ़ पिघलती हुई नीचे आती लग रही थी, मानो बहुत-सी धाराओं का पेट भरने के लिए आइसक्रीम पिघलती हुई बह रही हो। हमने कॉफी पी और सुमंत्र ने ऑस्ट्रिया की उच्च कोटि की ह्वाइट वाइन *ग्रूनर वेल्टलाइनर* का स्वाद लिया।

बादगास्टाइन में एक सुंदर चर्च भी है। हम उसे देखने भी गए और उसके शिल्प की तारीफ़ किए बिना न रह सके। हम सोच रहे थे कि क्या पता उस

चर्च की सुभाष और एमिली की शादी में कोई भूमिका रही हो। हमें पता था कि सुभाष और शरत की संयुक्त जीवनी *(ब्रदर्स अगेंस्ट दि राज)* लिखने वाले लियोनार्ड गॉर्डन ने आंटी से 1937 में विवाह की जानकारी पाने के बाद इस चर्च की भी यात्रा की थी। चर्च के अधिकारियों ने प्रो. गॉर्डन को बताया था कि उनके पास द्वितीय विश्वयुद्ध के बाद हुए विवाहों के तो सारे दस्तावेज़ उपलब्ध थे, लेकिन उसके पहले के नहीं। आजीवन क्रांतिकारी रहे नेता जी की एक ख़ास आदत थी– गोपनीयता। ऐसा लगता है कि उन्होंने आंटी को भी इस कला का माहिर बना दिया था। उन्होंने अपने विवाह के बारे में विस्तार से कभी कोई बात नहीं की। केवल विवाह की तारीख़ बताई थी। मैंने अनिता से पूछा था कि क्या उसकी माँ ने उससे कभी कुछ और बताया था, जैसे अँगूठियों का आदान-प्रदान या और कुछ। इस पर अनिता का कहना था कि आंटी ने उससे कभी अँगूठियों के बारे में तो नहीं, अलबत्ता एक बार विवाहित भारतीय महिलाओं की माँग में भरे जाने वाले *सिंदूर* के बारे में ज़रूर कहा था।

शाम ढल रही थी, जब हमने बादगास्टाइन से विदा ली। यहाँ से निकलने के पहले हम बानहॉफ (रेलवे स्टेशन) गए, जहाँ एमिली ने नवंबर 1937 में सुभाष का स्वागत किया था। दूसरे कई मौकों पर इसी जगह उन दोनों ने एक-दूसरे को विदाई भी दी थी। अँधेरा गहराने लगा तो हम एमिली और सुभाष की प्रेमगाथा के गवाह रहे इस उनींदे से ऑस्ट्रियाई पहाड़ी गाँव के पहाड़ी रास्तों से गुज़रते हुए वापस अपने गंतव्य की ओर बढ़ गए।

दूसरा वियोग

भारतीय राष्ट्रीय कांग्रेस के निर्वाचित अध्यक्ष के रूप में सुभाष चंद्र बोस यूरोप से वापस भारत आने के लिए निकल पड़े। जनवरी 1938 के मध्य में उन्हें औपचारिक रूप से कांग्रेस का अध्यक्ष घोषित किया गया था। फरवरी में उन्होंने गुजरात के हरिपुरा में कांग्रेस के वार्षिक अधिवेशन की अध्यक्षता

की। उस दौरान उनकी दिनचर्या अत्यंत व्यस्त थी। इसके बावजूद एमिली से उनका पत्र-व्यवहार ज़ारी रहा। यूरोप से निकलते हुए वह लंदन गए थे, जहाँ भारतीयों और भारतीयों के मित्रों ने उनका गर्मजोशी से स्वागत किया था। लंदन से उन्होंने आंटी को सूचित किया कि भारत के लिए उनकी हवाई यात्रा के रास्ते में विमान थोड़ी देर के लिए विएना में रुकेगा। उन्होंने आंटी से दो ओमेगा घड़ियाँ लेकर हवाई अड्डे पर मिलने के लिए कहा। उन्होंने आंटी को इस बाबत एक तार भी भेजा। कल्पना की जा सकती है कि उस छोटी-सी मुलाक़ात में उन दोनों ने एक-दूसरे को कुछ उपहार दिए होंगे। वहाँ से आने के कोई दो महीने बाद ही सुभाष लंदन जा रहे अपने एक मित्र के माध्यम से आंटी के लिए कुछ उपहार भेज सके थे। उन्होंने 9 अप्रैल 1938 को आंटी को एक पत्र लिखा कि वह उनके लिए चार चीज़ें भेज रहे हैं– हाथीदाँत का बना एक हार, एक जोड़ी जूते, एक ब्रोच और हाथीदाँत तथा चंदन की लकड़ी से बना एक छोटा-सा डिब्बा।

इसके आगे के दो साल सुभाष चंद्र बोस के लिए बेहद व्यस्तता भरे ही नहीं, काफ़ी उथलपुथल भरे भी थे। लेकिन एमिली से नियमित पत्र व्यवहार होता रहा। इन पत्रों में वह कभी-कभार एक-दो लाइन जर्मन में लिख देते थे। एक पत्र में उन्होंने जर्मन में लिखा था, “मैं तुम्हारे बारे में दिन-रात सोचता हूँ।” सुभाष के यूरोप छोड़ने के कुछ ही समय बाद आंटी के पिता की अचानक मृत्यु हो गई थी। इससे सुभाष आंटी के लिए दुखी और चिंतित थे। हरिपुरा में कांग्रेस के सत्र में स्वतंत्र भारत के विकास और पुनरुत्थान के बारे में योजना प्रस्तुत करने के दिनों में ही 16 फरवरी 1938 को उन्होंने एमिली को पत्र लिखा, “मेरे पास तुम्हें बताने के लिए केवल एक पंक्ति है कि मैं इस समय हरिपुरा में कांग्रेस के अधिवेशन में हूँ और बहुत व्यस्त हूँ। उम्मीद करता हूँ कि तुम ठीक हो।” उन्होंने वर्धा जाकर गांधी जी से मुलाक़ात करने और बम्बई में जिन्ना से हुई मुलाक़ात में साम्प्रदायिकता के मुद्दे पर हुई बातचीत के बारे में भी आंटी को पत्र में लिखा था। यह जानना रोचक था कि उस दौरान आंटी ने सुभाष को क्या लिखा था। नेता जी के पत्रों से साफ़ पता

चलता है कि आंटी भी उन्हें लगातार पत्र लिख रही थीं। दुर्भाग्य से आंटी के वे पत्र मिले ही नहीं और इतिहास से गायब हो गए। सुभाष ने अपने एक पत्र में आंटी को जर्मन में लिखा था, "कृपया मुझे नियमित रूप से पत्र भेजा करो; मुझे तुम्हारे पत्र पढ़ कर प्रसन्नता होती है। हालाँकि मैं तुम्हें हर हफ़्ते पत्र नहीं लिख सकूँगा, लेकिन इसके लिए तुम्हें मुझे माफ़ी देनी होगी।" उन्होंने आंटी के लिए राष्ट्रीय समाचार-पत्र *आनंदबाजार पत्रिका* के साप्ताहिक संस्करण और इलस्ट्रेटेड *ओरिएंट* पत्रिका का वार्षिक शुल्क भी भरा था ताकि इन पत्रिकाओं के माध्यम से आंटी भारत में चल रही गतिविधियों के बारे में जानकारी पाती रहें। उनके प्रोत्साहन पर आंटी कभी-कभी पत्रिका *दि मॉडर्न रिव्यू* के लिए लेख लिख देती थीं। इनमें से एक आलेख बादगास्टाइन के बारे में भी था। इस तरह से एक-दूसरे से हज़ारों मील दूर रह कर भी वे एक-दूसरे के ख़याल में लगातार मौजूद होते थे।

इसके अगले साल 1939 में सुभाष चंद्र बोस को गांधी जी की इच्छा के विपरीत लगातार दूसरे साल लोकतांत्रिक तरीक़े से कांग्रेस का अध्यक्ष चुना गया था। गांधी और कांग्रेस के परम्परावादी ढर्रे के ख़िलाफ़ उनकी इस जीत ने उनके राजनीतिक जीवन में अभूतपूर्व संकट पैदा कर दिया था। कड़वाहट से भरे महात्मा गांधी और उनके 'विद्रोही बेटे' के रास्ते अलग हो गए थे। सुभाष और शरत को कांग्रेस नेतृत्व में अकेलापन भोगना पड़ रहा था। यह बात सभी को पता है कि इस संकटपूर्ण समय में उनके साथ दो ही लोग खड़े थे– एक उनके बड़े भाई शरत और दूसरे रवींद्रनाथ टैगोर। किसी को इस बात का पता नहीं था कि सुभाष का एक और विश्वासपात्र समर्थक यहाँ से काफ़ी दूर विएना में बैठा था।

उन्होंने जब गांधीजी की ओर से खड़े किए गए प्रत्याशी के विरुद्ध अध्यक्ष पद का चुनाव लड़ने का फ़ैसला किया तो एमिली को लिखे पत्र में उन्होंने कहा कि वह नहीं जानते कि वह इस मुक़ाबले में जीतेंगे या नहीं। अखिल भारतीय कांग्रेस कमेटी के मतदान में अच्छी जीत हासिल करने के बाद (1375 के

मुक़ाबले 1580 मत) उन्होंने पत्र लिखा कि वह जीत गए हैं और अगले साल के लिए अध्यक्ष चुने गए हैं। उन्होंने लिखा, "महात्मा गांधी और उनके क़रीबियों ने मेरा विरोध किया जबकि नेहरू तटस्थ रहे। इसके परिणामस्वरूप मतदान का परिणाम मेरी भारी जीत के रूप में आया।" उन्होंने एमिली से यह भी पूछा, "क्या तुम्हें मेरी जीत से खुशी हुई।" चुनाव के संबंध में कई समाचारों और इस क्रम में हुई नाटकीय घटनाओं के उल्लेख से भरे इस पत्र में उन्होंने एमिली से एक असामान्य जानकारी भी माँगी। वह उनके जन्म के समय और स्थान की ठीक-ठीक जानकारी चाहते थे। मुझे लगता है कि वह उनकी कुंडली बनवाना चाहते थे।

यह पत्र 11 फरवरी 1939 को लिखा गया था और इससे अगला पत्र 19 अप्रैल 1939 को लिखा गया था– नियमित पत्र व्यवहार में दो माह के असामान्य अंतराल के बाद। इसमें सुभाष ने इस लंबे मौन के बारे में माफ़ी माँगी और इसका कारण बताया। इन दो महीनों में वह गंभीर रूप से बीमार थे। उन्हें त्रिपुरी (मध्यप्रदेश) में कांग्रेस के अधिवेशन की अध्यक्षता करनी थी, जब उन्हें न्यूमोनिया और तेज़ बुखार हो गया था। चिकित्सकों ने उन्हें पूर्ण विश्राम के लिए कहा था लेकिन वह अधिवेशन में भाग लेने के प्रति अडिग थे। ऐसे में शरत चंद्र बोस और उनके एक और भाई सुनील चंद्र बोस, जो मशहूर चिकित्सक थे, उनके साथ गए। कांग्रेस अध्यक्ष को सभा स्थल पर स्ट्रेचर पर लाद कर ले जाना पड़ा। वहाँ वह अपना भाषण पढ़ने में असमर्थ थे, तो उसे बड़े भाई शरत चंद्र बोस ने पढ़ कर सुनाया। इतिहास गवाह है कि त्रिपुरी अधिवेशन के दौरान कांग्रेस नेतृत्व में गांधी जी के नज़दीकी लोगों ने अपने निर्वाचित और गंभीर रूप से बीमार अध्यक्ष के प्रति कैसा ज़हर-बुझा व्यवहार किया। इन चमचों ने यह अफ़वाह तक उड़ा दी थी कि सुभाष वास्तव में बीमार नहीं हैं, बल्कि बीमार होने का दिखावा कर रहे हैं।

इस अधिवेशन के बाद नेता जी स्वास्थ्य लाभ के लिए बिहार में (अब झारखंड में) जमदोबा स्थित अपने भाई सुधीर चंद्र बोस के घर पर रहे। वहाँ

से उन्होंने आंटी को पत्र लिखा, "मैं सोचता हूँ कि स्वास्थ्यलाभ के लिए मैं बादगास्टाइन चला जाऊँ।" पत्र में उन्होंने आंटी को कांग्रेस अध्यक्ष के पद से इस्तीफ़े के बारे में भी बताया था। उन्होंने लिखा, "अब तक तुम्हें पता चल गया होगा कि मैंने कांग्रेस के अध्यक्ष पद से इस्तीफ़ा दे दिया है। मैंने ऐसा इसलिए किया क्योंकि मैं महात्मा गांधी और उनके रूढ़िवादी समर्थकों के साथ समझौता नहीं कर सका।" उन्होंने आंटी को यह भी आश्वस्त किया, "इस्तीफ़ा देने से उन्हें कोई नुकसान नहीं हुआ था। सच तो यह है कि अब मैं और लोकप्रिय हो गया हूँ।" उल्लेखनीय है कि इस्तीफ़ा देने के बाद लाहौर रेलवे स्टेशन पर युवाओं, छात्रों और समर्थकों की बहुत भारी भीड़ ने उनका हर्षध्वनि करते हुए भव्य स्वागत किया था। दुर्भाग्य से इस हल्लेगुल्ले के दौरान किसी ने उनकी जेब काट ली और उनकी जेब से आंटी का पत्र और एक फोटोग्राफ निकल गया। अगस्त 1939 में उन्होंने बादगास्टाइन जाकर कुछ समय आंटी के साथ बिताने का मन बना लिया था, लेकिन उनकी व्यस्तता के कारण यह संभव नहीं हो सका। फिर सितम्बर के आरंभ में द्वितीय विश्वयुद्ध शुरू हो गया और एमिली तथा सुभाष के बीच संवाद के एकमात्र माध्यम– पत्र– का आदान-प्रदान भी रुक गया।

पुनर्मिलन

उस क्षण में आंटी के रोमांच की कल्पना भर की जा सकती है, जब लगभग 20 माह के अंतराल के बाद उन्हें सुभाष का पत्र मिला होगा, जिसमें युद्ध के दौरान ही उनके यूरोप आने की सूचना थी। नेता जी 2 अप्रैल 1941 को बर्लिन पहुँच गए थे। इसके अगले दिन 3 अप्रैल को उन्होंने विएना में रह रही एमिली को पत्र लिखा, "तुम्हें मेरा यह पत्र पाकर आश्चर्य होगा और इससे भी ज़्यादा आश्चर्य इस बात से होगा कि मैं यह पत्र बर्लिन से लिख रहा हूँ।" उन्होंने आंटी को बताया कि उन्होंने काल्पनिक इतालवी नाम ऑर्लैंडो माज़ोटा रख लिया था और उन्हें पत्र इसी नाम से भेजा जाना चाहिए। इसी के साथ उन्होंने पूछा कि क्या वह विएना से बर्लिन आकर उनकी सचिव के रूप में काम कर सकती हैं।

नेता जी का विश्वास था कि युद्ध ने भारत को स्वतंत्रता के लिए संघर्ष तेज़ करने का सुनहरा मौका दिया है। उन्होंने महात्मा गांधी से तुरंत राष्ट्रव्यापी आंदोलन छेड़ने का आग्रह किया था। लेकिन उस समय गांधीजी की प्रतिक्रिया थी कि वह समय अभी नहीं आया है। (उनका विचार धीरे-धीरे बदला और अंततः उन्होंने अगस्त 1942 में 'भारत छोड़ो' आंदोलन शुरू किया।) उन स्थितियों में बोस ने फ़ैसला किया कि वह भारत में रहते हुए किसी जेल में समय बरबाद करने की बजाए देश से बाहर निकलने का प्रयास करेंगे ताकि वह देश के बाहर से स्वतंत्रता संघर्ष शुरू कर सकें। उनकी निग़ाह भारत और दूसरे उपनिवेशों में अंग्रेज़ों के साम्राज्यवादी नियंत्रण के सर्वोच्च साधन भारतीय सेना पर थी। वह सेना में ब्रिटिश सरकार की दासता का भाव नष्ट कर उसमें राष्ट्रीय गौरव तथा प्रतिबद्धता का भाव भर कर उसे भारत की स्वतंत्रता के लिए लड़ने वाली सच्ची राष्ट्रीय सेना बनाना चाहते थे। बर्लिन में उन्होंने 'फ्री इंडिया सेंटर' की स्थापना की और उत्तरी अफ्रीकी युद्ध क्षेत्र से युद्धबंदी बनाए गए भारतीय सैनिकों का मन बदलने का काम शुरू किया। फ्री इंडिया सेंटर में उन्होंने काफ़ी संख्या में नागरिकों को भी जुटा लिया। इनमें ज़्यादातर भारतीय छात्र थे, जो युद्ध के कारण जर्मनी में फँसे हुए थे।

इस तरह से भर्ती किए गए रंगरूटों को वॉल्टर हार्बिख के नेतृत्व में जर्मन सेना के अधिकारियों द्वारा प्रशिक्षण दिया जाता था। मुझे याद है कि जब 1981 में शिशिर और मैं अनिता के पास ऑग्सबर्ग गए थे तो हम वहाँ से एक घंटे की दूरी पर स्थित म्यूनिख जाकर वॉल्टर हार्बिख से उनके आवास पर मिले थे। हमारे साथ सुमंत्र था, जो उस समय 12 वर्ष का था। उस समय हार्बिख काफ़ी बुजुर्ग हो चले थे, फिर भी वह काफ़ी तेज़-तर्रार और सक्रिय पूर्वसैनिक थे।

नेता जी सौभाग्यशाली थे कि जर्मनी के विदेश विभाग के भारत खंड में एडम वॉन ट्रॉट और एलेक्जैंडर वर्थ जैसे सुसंस्कृत और गंभीर लोग तैनात थे, जो भारत के स्वतंत्रता संग्राम के प्रति सच्ची सहानुभूति रखते थे। नाज़ियों ने

1944 में एडम वॉन ट्रॉट को हिटलर की हत्या के असफल प्रयास में शामिल होने के आरोप में मौत के घाट उतार दिया था। एलेक्जैंडर वर्थ बच गए थे और बाद के दिनों में शिशिर और मेरी उनसे अच्छी दोस्ती हो गई थी। वह 1970 के दशक के आरंभिक वर्षों में कलकत्ता आए थे और नेता जी शोध केंद्र द्वारा नेता जी भवन में आयोजित अंतरराष्ट्रीय सम्मेलन में भाषण भी दिया था। उनके निधन के बाद भी हम उनकी विधवा हेल्गी के सम्पर्क में बने रहे थे। बाद में 1989 की गरमियों में हमने स्विटज़रलैंड में सेंट मॉरित्ज़ रेसॉर्ट के पास के खूबसूरत गाँव सिल्स मारिया में हेल्गी वर्थ के साथ एक यादगार पारिवारिक अवकाश बिताया था।

सुभाष की चिट्ठी पाने के बाद एमिली अप्रैल, 1941 में ही बर्लिन पहुँच गई थीं। अगले लगभग डेढ़ साल तक उन दोनों ने साथ-साथ पारिवारिक जीवन जिया। बर्लिन के सोफीन्स्त्रास इलाके में साथ-साथ बिताए उन दिनों के बारे में सीधे-सीधे पूछने पर आंटी कुछ नहीं बताती थीं, किंतु आम बातचीत के दौरान कभी-कभार प्रसंगवश वह उन दिनों का उल्लेख कर लेती थीं। एक बार उन्होंने मुझे बताया था, “तुम्हारे अंकल को दवाएँ खाने का बहुत शौक था और इस बारे में जो बात सबसे ज़्यादा खीझ पैदा करती थी वह यह कि वह उन दवाओं का सेवन करने का दबाव मुझ पर भी डालते थे। एक बार तो उन्होंने लगभग ज़बरदस्ती मुझे ‘मकरध्वज’ नाम की कोई चीज़ पिलाई थी।” (इस आयुर्वेदीय दवा के नाम का उच्चारण वह काफ़ी कठिनाई से कर सकी थीं।) बर्लिन में रहने के दौरान वे अपने आवास पर मेहमानों से भी मिलते-जुलते थे। मुझे ऐसा लगता है कि आंटी नेता जी के मित्र एडम वॉन ट्रॉट और उनकी पत्नी क्लैरिटा को नहीं पसंद करती थीं। आंटी को लगता था कि वॉन ट्रॉट दम्पति का अभिजात्य वर्ग से संबंध होने के कारण वे साधारण पारिवारिक पृष्ठभूमि वाली आंटी को नीची निग़ाह से देखते थे। फ्री इंडिया सेंटर में काम करते हुए ही आंटी का बहुत-से भारतीयों से परिचय हुआ। इनमें ए.सी.एन. नाम्बियार, आबिद हसन, एन.जी. स्वामी, गिरिजा मुखर्जी और एम.आर. व्यास जैसे लोग

बर्लिन के सोफीन्स्त्रास इलाके में अपने आवास के बगीचे में सुभाष चंद्र बोस, 1942

शामिल थे। वह फ्री इंडिया सेंटर में इन लोगों के साथ काम करती थीं। गर्भवती होने के कारण 1942 के आख़िरी दिनों में उन्होंने फ्री इंडिया सेंटर से छुट्टी ली और माँ के पास विएना चली गई थीं। सुभाष और एमिली हर दिन टेलीफोन पर एक-दूसरे से बात किया करते थे और कभी-कभी एक-दूसरे को छोटे-छोटे पत्र भी लिख लेते थे। उन दोनों के बीच टेलीफोन पर होने वाली बातचीत में अंग्रेज़ी के प्रयोग से एक समस्या पैदा हो गई थी, जिसे बाद में निपटा लिया गया था।

सुभाष को इन लगभग डेढ़ वर्षों में पारिवारिक जीवन की आदत हो गई थी और उन्हें लगातार आंटी की कमी महसूस होती थी। उन्हें कभी किसी जगह रखी गई पुस्तक नहीं मिलती थी, तो कभी किसी ज़रूरी टेलीफोन नम्बर को तलाशने में मुश्किल होती थी या फिर मेहमानों को पेश करने के लिए रखी किसी ख़ास वाइन का पता नहीं लगता था। युद्ध के कारण उन्होंने राशन (खाने-पीने का सामान) की व्यवस्था की थी। नेता जी बर्लिन से विएना भेजी चिट्ठियों में अकसर खाने की वस्तुओं के कूपन, चीनी या ताज़ा फल भेजने का ज़िक्र करते थे।

इसी बीच, 1941 का अंत आते-आते महायुद्ध एशिया में भी फैलने लगा था। एशिया में ब्रिटिश शक्ति का गढ़ रहे सिंगापुर पर फरवरी 1942 में जापानियों का क़ब्ज़ा हो गया था। नेता जी एशिया जाने के लिए कटिबद्ध थे। यह काम कठिन लग रहा था। आरंभ में योजना थी कि वह रोम से हवाई जहाज़ से जाएँगे। अक्टूबर 1942 की इस योजना का रोम में भेद खुल जाने के कारण इसे रद्द करना पड़ा। अगर यह योजना क़ामयाब हो जाती तो नेता जी अपनी नवजात बेटी अनिता को न देख सके होते, जिसका जन्म विएना में 29 नवंबर, 1942 को हुआ था। सुभाष और एमिली ने बच्ची का नाम अनिता 19वीं सदी के महान इतालवी क्रांतिकारी जिउसेप गैरीबाल्डी के साथ अनेक लड़ाइयों में भाग लेने वाली ब्राजीली पत्नी अनिता गैरीबाल्डी के सम्मान में रखा था।

अनिता का शैशवास्था का एक चित्र।

नेता जी अपनी नवजात पुत्री को देखने विएना दिसम्बर में आए। मैं जब 1971 में ज्यूरिख में ए.सी.एन. नाम्बियार से मिली, तब मैंने उनसे नेता जी के साथ बिताए उनके दिनों के बारे में खूब लम्बी बातचीत की थी। उन्होंने मुझे बताया था कि वह नेता जी के साथ विएना गए थे और नेता जी की मौजूदगी में ही उन्होंने उनकी नवजात पुत्री को देखा था। पिता बन कर सुभाष बहुत खुश थे। आंटी ने मुझे बताया कि सुभाष पहले बेटा होने की उम्मीद कर रहे थे, इसलिए बेटी होने पर शुरू में थोड़ा-सा निराश थे। इस बात ने मुझे काफ़ी चौंकाया था क्योंकि नेता जी लैंगिक समता और स्त्रियों के अधिकारों के घोषित रूप से बड़े पक्षधरों में से थे। लेकिन, आंटी ने यह भी बताया कि जब उन्होंने बेटी को देखा तो वह बहुत प्रसन्न हुए। पनडुब्बी में यूरोप से एशिया की घातक यात्रा पर निकलने के पहले फरवरी 1943 में उन्होंने अपने से बड़े भाई शरत को बांग्ला में जो पत्र लिखा था, उसमें अपनी पत्नी और बेटी के बारे में जानकारी देने के अलावा उन्होंने यह उम्मीद भी जताई थी कि ज़रूरत पड़ने पर उनकी पत्नी और बेटी उनके अधूरे काम को पूरा

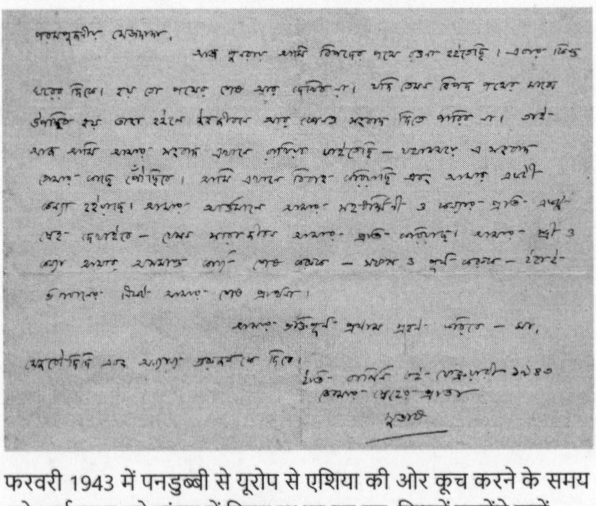

फरवरी 1943 में पनडुब्बी से यूरोप से एशिया की ओर कूच करने के समय बड़े भाई शरत को बांग्ला में लिखा सुभाष का पत्र, जिसमें उन्होंने उन्हें एमिली और अनिता के बारे में जानकारी दी थी।

Revered Mejdada,

I am again about to embark on a perilous journey. This time towards home. I may not see the end of the road. If I meet such a danger during the journey I will not be able to communicate with you again in this life. Therefore I am giving you some news today—it will reach you in due course. I have married here and I have a daughter. In my absence please give my wife and daughter a little affection—as you have to me all my life. My last prayer before God is that my wife and daughter complete my unfinished tasks.

Please accept my deepest respects, and convey the same to Mother, Mejoboudidi, and other elders.

Your affectionate brother,

Subhas

Berlin, 8th February 1943

फरवरी 1943 में पनडुब्बी से यूरोप से एशिया की ओर कूच करने के समय बड़े भाई शरत को बांग्ला में लिखे सुभाष के पत्र का सुमंत्र बोस द्वारा किया अंग्रेज़ी अनुवाद।

करेंगी। मेरे श्वसुर को यह पत्र सितम्बर 1945 में विश्वयुद्ध के दौरान चार साल की जेल काट कर बाहर आने के कुछ समय बाद मिला था।

मध्य यूरोप से दक्षिण पूर्वी एशिया के लिए पनडुब्बी यात्रा निर्धारित हो जाने के बाद आंटी आख़िरी कुछ दिन पति के साथ रहने के लिए बर्लिन आई थीं। इस दौरान अनिता को उसकी नानी के पास छोड़ा गया था। नेता जी ने आंटी को समझाया था कि वह उनके निकल जाने के बाद भी कुछ दिनों तक वहीं सोफीन्स्त्रास वाले मकान में ही रुकें और हर शाम अँधेरा होने के बाद सामान्य रूप से ही रोशनी करके रखें ताकि लोगों को सब कुछ सामान्य लगे। मैं कल्पना कर सकती हूँ कि आंटी को उन दिनों सब कुछ कितना अजीब लगता रहा होगा।

बर्लिन छोड़ने के पहले सुभाष ने अपनी पत्नी के हाथ में अपने बड़े भाई शरत चंद्र बोस को सम्बोधित एक पत्र पकड़ाया। जीवन भर साथ देने वाले मँझले बड़े भाई शरत को बांग्ला में लिखा गया यह पत्र अत्यंत शोकपूर्ण है। पत्र में उन्होंने कहा था कि वह एक बार फिर से एक ख़तरनाक यात्रा पर निकल रहे हैं और हो सकता है कि इस यात्रा का अंत वह न देख सकें। अगर वैसा होता है तो वह इस जीवन में अपने प्यारे बड़े भाई से कभी संवाद नहीं कर सकेंगे। उन्होंने आगे लिखा, "इसीलिए मैं आपको एक समाचार देना चाहता हूँ, जो आप तक समय से पहुँच जाएगा। यहाँ मैंने विवाह कर लिया है और मेरी एक पुत्री भी है। मेरी अनुपस्थिति में कृपया मेरी पत्नी और पुत्री को थोड़ा-सा स्नेह वैसे ही दीजिएगा, जैसे आपने मुझे जीवन भर दिया है।" उन्होंने अपने पत्र का समापन इस उम्मीद के साथ किया था कि उनकी पत्नी और पुत्री उनके अधूरे कामों को पूरा करेंगी।

विश्वयुद्ध के समापन पर

सुभाष का पत्र शरत को सितम्बर 1945 में जेल से छूटने के कुछ समय बाद मिला था। इस पत्र पर वुडबर्न पार्क स्थित भवन में रहने वाले परिवार की

पहली प्रतिक्रया आश्चर्यजनक थी। शरत के सबसे बड़े बेटे अशोक ने 1930 के दशक में पढ़ाई के सिलसिले में काफ़ी समय यूरोप में बिताया था। वह आंटी को जानते थे और शरत के दूसरे बेटे अमिय ने भी 1937 की गरमियों में बादगास्टाइन में अपने चाचा से मुलाक़ात की थी। लेकिन दोनों में से किसी को भी सुभाष और आंटी के रिश्ते की गहराई के बारे में कुछ नहीं पता था। वे दोनों उन्हें अपने चाचा की अच्छी दोस्त भर समझते थे।

शरत बोस ने तय किया कि सन 1948 में वह यूरोप जाएँगे और इसी वर्ष के आख़िरी दिनों में वह अपनी पत्नी अर्थात मेरी सास, बिवाबती और तीनों बच्चों– शिशिर, रोमा और चित्रा– के साथ यूरोप की हवाई यात्रा पर निकले। शरत बोस का इरादा था कि यूरोप के लम्बे दौरे के बाद वह शिशिर को इंगलैंड में चिकित्सा की आगे की पढ़ाई के लिए छोड़ेंगे। शिशिर ने बाल रोग में उन्नत प्रशिक्षण हासिल करने के लिए लंदन के प्रसिद्ध ग्रेट आर्मंड स्ट्रीट हॉस्पिटल में प्रवेश लिया था। लेकिन, उसके पहले उनकी योजना यूरोप में विएना समेत अन्य शहरों के भ्रमण की थी।

परिवार जब बम्बई से रोम की उड़ान के लिए हवाई जहाज़ में सवार हुआ तो उसी उड़ान में परिचित चेहरे एन.जी. स्वामी को देखकर थोड़ा चौंका। स्वामी जर्मनी में नेता जी के सहयोगी के रूप में काम कर चुके थे और बाद में एक पनडुब्बी से दक्षिणपूर्व एशिया पहुँचे थे। वहाँ वह आईएनए की जासूसी शाखा के प्रभारी थे और मलाया के पेनांग में रंगरूटों को प्रशिक्षण देते थे। स्वतंत्र भारत में नेहरू सरकार ने उन्हें सेवा में ले लिया था। शिशिर ने मुझे बताया था कि उनके पिता को संदेह था कि उसी जहाज़ पर स्वामी का होना मात्र संयोग नहीं था और वह सरकार के निर्देश पर शरत बोस की यूरोप यात्रा पर निग़ाह रखने के लिए यात्रा कर रहे थे। इस बात की याद मुझे फिर 2015 में आई जब कुछ गोपनीय फाइलों के सार्वजनिक होने पर पता चला कि स्वतंत्र भारत में सरकारों ने शिशिर समेत बोस परिवार के कई सदस्यों की 1970 के दशक के शुरुआती सालों तक जासूसी करवाई थी।

यूरोप की उस यात्रा के बारे में शिशिर ने मुझे एक और बात जो बताई थी– जिसे उन्होंने अपने बांग्ला में प्रकाशित संस्मरण *बोसु-बारी* (1985) और 2016 में प्रकाशित इसके अंग्रेज़ी संस्करण *दि बोस ब्रदर्स, एन इंटीमेट मेमॉयर* में लिखा भी है– वह थी कि चेकोस्लोवाकिया की राजधानी प्राग के एक होटल में उनके पिता जी से भारतीय पत्रकार हरिन शाह का मिलना। हरिन शाह ने उन्हें बताया कि वह 1946 में ताइपेई गए थे। वहाँ उन्होंने अगस्त 1945 की एक हवाई दुर्घटना से संबंधित उन रिपोर्टों के बारे में पूछताछ की थी, जिनमें कहा गया था कि उक्त दुर्घटना में नेता जी की मृत्यु हो गई थी। वह उस अस्पताल गए थे, जहाँ दुर्घटना के घायलों को ले जाया गया था और वहाँ नेता जी की देखभाल करने दावा करने वाली एक नर्स समेत कई लोगों से बातचीत की थी। उन्होंने उस शवदाहगृह जाने का भी दावा किया था, जहाँ कथित रूप से नेता जी का शवदाह किया गया था और शवदाहगृह के उस कर्मचारी से बात भी की थी, जिसे यह बताया गया था कि जिस व्यक्ति का उसने शवदाह किया था, वह एक महत्वपूर्ण भारतीय नेता था। ताइपेई से लौटने पर उसने यह बात सरदार वल्लभभाई पटेल को बताई थी। सरदार पटेल ने ही उससे कहा था कि इस बारे में वह शरत बोस से बात करे। उन्होंने शरत और शिशिर से कहा कि उस दौरान यूरोप में होने कारण जब बोस परिवार की मौजूदगी के बारे में पता चला तो वह मिलने आ गए। हरिन शाह जब दुर्घटना के विवरण दे रहे थे उस समय शिशिर ने अपने पिता के चेहरे पर गहन पीड़ा के भाव देखे तो चिंतित हो गए थे। शाह के चले जाने के बाद शिशिर ने पिता से कहा कि वह शाह की बातों का विश्वास न करें लेकिन उस आदमी ने जितने विस्तृत विवरण के साथ जानकारी दी थी, उससे पिता-पुत्र दोनों ही बहुत परेशान हो गए थे।

यूरोप यात्रा के दौरान परिवार इटली और स्विटज़रलैंड के कई शहरों के अलावा प्राग, डब्लिन, पेरिस और लंदन गया। हर जगह शरत बोस की अपनी व्यस्त दिनचर्या रही, इसके बावजूद परिवार ने काफ़ी दर्शनीय स्थानों को देखा। शिशिर की यह पहली यूरोप यात्रा थी और उन्होंने इसका खूब

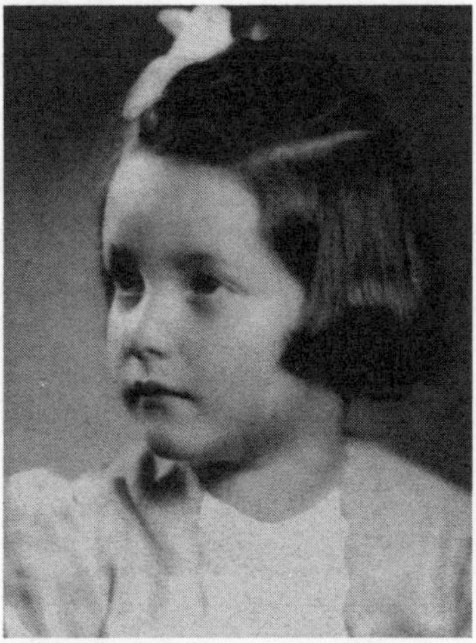

अनिता का बाल्यावस्था का एक चित्र।

भारतीय लिबास में एमिली शेंकल

बाएँ से दाएँ बैठे हुए : बिवाबती बोस, शिशिर और उनकी गोद में अनिता, शरत बोस। पीछे खड़ी हैं : रोमा, एमिली और चित्रा। अनिता के छठें जन्मदिन के अवसर पर 29 नवंबर, 1948

आनंद लिया और ढेरों तसवीरें लीं। लेकिन प्रत्यक्षतया इस यात्रा की सबसे ख़ास बात विएना की यात्रा थी।

मेरी ननद रोमा ने मुझे बताया था कि परिवार के तीनों छोटे बच्चों– रोमा, चित्रा और सुब्रत– को विवाह के बारे में कुछ नहीं बताया गया था, जबकि उनके बड़े भाई-बहनों को इस बारे में जानकारी थी। वे लोग जब प्राग से विएना के लिए चले तो शरत बोस ने दोनों बेटियों को होटल के अपने कमरे में बुलाया और बहुत साधारण तरीक़े से उनसे कहा कि तुम्हारे *रंगाकाकाबाबू* (सुभाष) ने शादी कर ली थी और हम लोग उनकी पत्नी से मिलने जा रहे हैं। रोमा ने याददाश्त पर ज़ोर डाल कर बताया कि उसके पिता जी ने यह बताते हुए बांग्ला शब्द 'बिए' (विवाह) को आम बोलचाल की भाषा में 'बे' की तरह बोलते हुए बंगाली में कहा था कि *तोमादेर रंगाकाकाबू बे कोरेछिलेन*।

आंटी और सुभाष के प्यारे मँझले भैया *(मेजदादा)* व उनकी पत्नी तथा बच्चों की इस पहली मुलाक़ात के बारे में मैंने आंटी, शिशिर और शिशिर की दोनों छोटी बहनों से बहुत बार सुना है। शिशिर ने इस मुलाक़ात का बांग्ला में प्रकाशित *बोसु-बारी* (1985) और अंग्रेज़ी में प्रकाशित *द बोस ब्रदर्स, एन इंटीमेट मेमॉयर* (2016) दोनों में विस्तार से उल्लेख किया है। मैं जब 1959 की ठंड में पहली बार विएना गई तो पहली शाम हम दोनों रसोईघर में खड़े बात कर रहे थे जब आंटी ने अपने हाथ में पड़ी सोने की चूड़ियाँ दिखाते हुए बताया, "जब हम पहली बार (नवंबर 1948 में) मिले थे, तो तुम्हारी सास ने मुझे ये चूड़ियाँ दी थीं। मैंने तब से इन्हें कभी नहीं उतारा।" उस मुलाक़ात में बिवाबती ने अपने हाथ की चूड़ियाँ उतार कर आंटी के हाथ में पहना दी थीं। उन चूड़ियों के साथ आंटी को एक सफ़ेद बनारसी साड़ी भी मिली थी। शरत, बिवाबती, शिशिर और उनकी बहनों समेत सभी को अनिता से मिल कर बहुत खुशी हुई। अनिता भी बहुत उत्साहित थी, लेकिन उस समय उसे केवल जर्मन बोलना आता था, और वह धाराप्रवाह बोलती थी। बोस परिवार की विएना यात्रा के दौरान ही वह छह साल की पूरी हुई थी। 29 नवंबर

विएना में एमिली शेंकल और बिवाबती बोस, नवंबर 1948

1948 को उसके छठें जन्मदिन पर परिवार का एक फोटोग्राफ खींचा गया था, जिसमें वह बीच में शिशिर की गोद में बैठी थी और उसके अगल-उसके ताऊ जी और ताई जी थे। इस फोटोग्राफ में आंटी पीछे की ओर खड़ी थीं और उनके अगल-बगल रोमा और चित्रा खड़ी थीं। इस मुलाक़ात के बाद से आंटी, अनिता और शरत चंद्र बोस के परिवार के बीच नज़दीकी संबंध जुड़ गया था। यात्रा के अगले चरण में जनवरी 1949 में शिशिर आगे की पढ़ाई के लिए लंदन में रुक गए जबकि उनके माता-पिता और बहनें भारत वापस आ गए।

मैं इस बारे में हमेशा सोचती थी कि इस यात्रा से भारत वापस आने के बाद शरत चंद्र बोस ने इस विवाह और यूरोप में आंटी और अनिता से मुलाक़ात के बारे में सार्वजनिक रूप से कोई घोषणा क्यों नहीं की! इस समय तक तो समस्त बोस परिवार को इसके बारे में जान चुका होना चाहिए था। भारत सरकार को जासूसों के माध्यम से नेता जी के परिवार के बारे में पता चल चुका था। शिशिर ने मुझे बताया कि उनके पिता ने आंटी और अनिता को स्थायी रूप से भारत लाने का मन बना लिया था। लेकिन उनके लिए यहाँ स्थायी व्यवस्था करने के लिए उन्हें कुछ समय चाहिए था। उन्हें पता था कि यूरोपीय महिला होने के कारण आंटी को लंबे समय तक संयुक्त परिवार में रखना संभव नहीं था। उनके लिए अलग इंतजाम किया जाना ही ज़रूरी था। लेकिन, उनका स्वास्थ्य ख़राब हो रहा था और उन्हें अपनी योजना को मूर्त रूप देने का मौका ही नहीं मिला।

सन 1949 की गरमियों में कलकत्ता में हृदयाघात होने के बाद, शरत बोस चिकित्सीय सलाह लेने के लिए एक बार फिर यूरोप लौटे। स्वास्थ्य लाभ के लिए वह स्विटज़रलैंड में ग्लिओन के एक चिकित्सालय में रुके। बिवाबती उनके साथ थीं। शरत ने आंटी और अनिता के विएना से आकर स्विटज़रलैंड में उन लोगों के साथ रहने की व्यवस्था भी की। अनिता को उस समय की अच्छे से याद थी। स्वास्थ्य कुछ सुधरने पर शिशिर के माता-पिता लंदन भी

गए और शिशिर से मिले। उनकी वापसी के समय शिशिर ने जब उन्हें विदा कहा तो उन्हें अंदाज़ भी नहीं था कि इसके बाद वह अपने पिता से कभी नहीं मिल सकेंगे। कलकत्ता में 20 फरवरी 1950 को दोबारा हुए हृदयाघात में शरत चंद्र बोस अचानक ही चल बसे।

आंटी की क़िस्मत में अपने पति के साथ भारत आना नहीं बदा था। अब उन्हें भारत लाने की शरत चंद्र बोस की योजना भी ध्वस्त हो गई। आंटी ने यह बात कभी साफ़-साफ़ नहीं कही लेकिन उनसे बातचीत के दौरान मुझे लगा कि उन्होंने यह स्वीकार कर लिया था कि वह अपने पति का देश कभी नहीं देख सकेंगी। बाद में उनसे भारत आने के लिए कहा भी गया तो उन्होंने इनकार कर दिया। हर 24 जनवरी को मेरे पास विएना से उनका टेलीफोन आता था। वह नेता जी भवन में नेता जी के स्मृति कार्यक्रम में क्या हुआ और कार्यक्रम कैसा रहा आदि विस्तार से जानने के लिए उत्सुक रहती थीं। कभी-कभार वह मुझसे कहती थीं, "वह कभी अपनी पहचान गुप्त रखते हुए यहाँ आकर कार्यक्रम देखना चाहेंगी, बशर्ते किसी को पता न चले।" इस पर मैं हँसते हुए कहती थी कि ऐसा होना असंभव था। अगर वह वास्तव में यहाँ आती हैं तो उन्हें खुलेआम सार्वजनिक रूप से आना होगा।

फरवरी 1950 में पिता के अवसान के बाद शिशिर ने लंदन और शेफील्ड में अपना प्रशिक्षण पूरा किया और आगे के प्रशिक्षण के लिए स्विटज़रलैंड में बर्न और विएना गए। विएना में प्रशिक्षण के दौरान उन्होंने काफ़ी कुछ सीखा लेकिन विएना में बिताए दिनों को जीवन भर बहुत अच्छे समय के तौर पर याद रखने का कारण था, वहाँ आंटी, ओमामा (आंटी की माँ) और अनिता के बीच प्रेमपूर्ण घरेलू वातावरण का होना। इस छोटी-सी अवधि में शिशिर आंटी और अनिता के बहुत क़रीब आ गए थे और यह संबंध आजीवन चलता रहा। मुझे लगता है कि विएना में उन्हें जो अपनत्व मिला, उसने उन्हें पिता के दुखद और असामयिक निधन के गहरे आघात से उबरने में बहुत

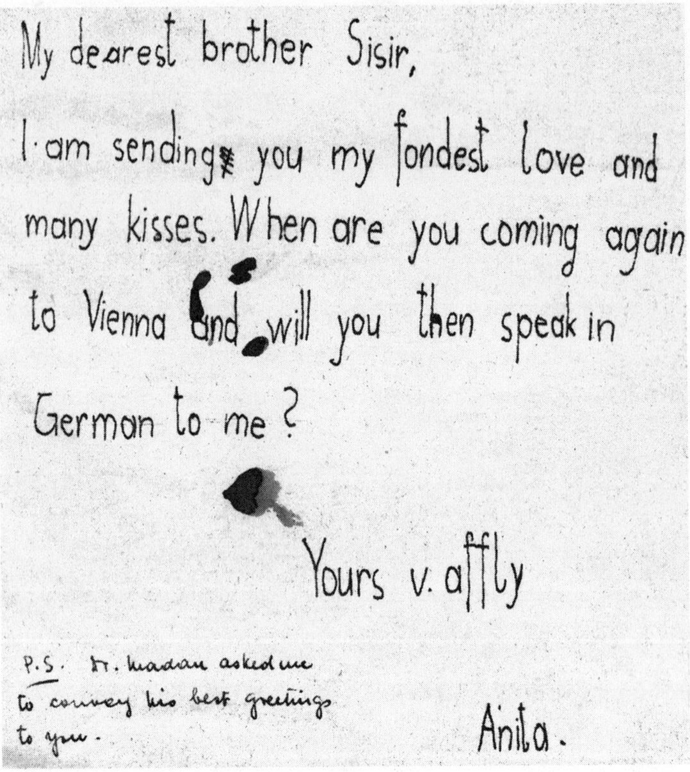

My dearest brother Sisir,

I am sending you my fondest love and many kisses. When are you coming again to Vienna and will you then speak in German to me?

Yours v. affly

Anita.

P.S. Dr. Madan asked me to convey his best greetings to you.

शिशिर को लिखा अनिता का एक पत्र, 1950

मदद दी। शिशिर के पिता की जब मृत्यु हुई, तब उनकी (शरत बोस) आयु मात्र 60 साल थी।

विएना में रहने के दौरान शिशिर अकसर आंटी को दावतें देते रहते थे। अनिता को शिशिर से लड़ने में बहुत मज़ा आता था, लेकिन यह एकतरफ़ा लड़ाई होती थी, जिसमें शिशिर को फ़र्श के कालीन पर लेटना होता था और अनिता उनके ऊपर चढ़ कर घूँसे बरसाती थी। बहुत बाद में अनिता ने मुझसे कहा था कि उसका पालन-पोषण दो स्त्रियों ने किया था– उसकी

विएना में शिशिर और अनिता, 1950

माँ और नानी ओमामा। शिशिर के रूप में पहली बार उसके जीवन में कोई पितृतुल्य व्यक्ति आया था। सन 2000 की गरमियों में कलकत्ता में शिशिर की मृत्यु के तुरंत बाद अनिता लंदन में मेरे छोटे बेटे सुमंत्र को ढाढ़स बँधाने गई। उन क्षणों में उसने सुमंत्र से कहा कि मेरे जीवन में पिता कभी थे नहीं और अब, जिन्होंने पिछले 50 वर्षों से मेरे लिए पिता जैसी भूमिका निभाई थी, वे भी चले गए।

1950 के दशक के आरंभिक वर्षों में रोमा और उसके डॉक्टर पति शचिश रे भी विएना गए। स्त्री-रोग विशेषज्ञ शचिश ने विएना में भी पढ़ाई की थी और उनका पहला बच्चा वहीं पैदा हुआ था। वहाँ नवप्रसूता और नवजात की देखभाल के लिए आंटी थीं। उन दिनों वह फेरोगासे नाम की सड़क पर एक मकान में रहा करती थीं।

सुभाष चंद्र बोस की शादी और उनकी बेटी के बारे में भारत में सार्वजनिक जानकारी बड़े अजीबोगरीब और अभद्र तरीक़े से सामने आई। शिशिर के चाचा सुरेश बोस के बेटे अरबिंद ने 1950-51 में कभी विएना में आंटी से मुलाक़ात की थी। स्वाभाविक रूप से आंटी ने उनके साथ प्रेमपूर्ण व्यवहार किया। उनके माँगने पर आंटी ने उन्हें अपने और अनिता के कुछ पारिवारिक फोटोग्राफ्स भी दिए। भारत वापस आने पर अरबिंद ने इस बारे में आंटी की अनुमति या बोस परिवार के बड़ों से बात किए बिना ही समाचार-पत्रों के सामने घोषित कर दिया कि सुभाष चंद्र बोस ने शादी की थी और उनकी एक बेटी भी है। अपनी निजता के प्रति अति आग्रही और किसी तरह का प्रचार बिलकुल न पसंद करने वाली आंटी ने इस समाचार का ऐसे अचानक सार्वजनिक किए जाने पर नाराज़गी भी जताई थी। जिस तरह से यह समाचार अचानक सामने आया था, उसके कारण भारत में लोग इस मामले में आश्चर्यचकित तो थे ही, बहुत-से लोग तो इस बात का विश्वास ही नहीं कर रहे थे।

अंततः ऐसी स्थिति उत्पन्न हुई कि बिवाबती को हस्तक्षेप करना पड़ा। उन्होंने एक बयान ज़ारी कर कहा कि सुभाष चंद्र बोस ने वास्तव में विवाह किया था और शरत चंद्र बोस तथा वह स्वयं यूरोप में एमिली और अनिता से अनेक बार मिली हैं। इसी के साथ यूरोप से एशिया की पनडुब्बी से यात्रा पर निकलने के पहले अपने मेजदा (मँझले भैया) को लिखा सुभाष चंद्र बोस का पत्र भी सार्वजनिक किया गया। चौंकाने वाले अंदाज़ में सामने आए इस समाचार ने बहुत लोगों को भ्रमित कर दिया था। बिवाबती की घोषणा के बाद ही मामले पर छाई धुँध साफ़ हुई और ज़्यादातर लोगों ने इस तथ्य को स्वीकारा।

शिशिर और मैं 1970 और 1980 के दशकों में अनेक बार विएना के बास्टीयनगासे स्थित आंटी के आवास पर गए। वीज़ा के लिए हमें आंटी की ओर से एक पत्र की ज़रूरत होती थी। इस पत्र में उन्हें लिखना होता था कि हम उनके मेहमान होंगे और इस यात्रा के दौरान हमारी मृत्यु होने की स्थिति में वह अंतिम क्रिया-कर्म के लिए उत्तरदायी होंगी। मुझे याद नहीं है कि उस

एमिली, अनिता और एमिली की माँ (ओमामा), 1940 के दशक में।

दौर में यह लिखा जाना वास्तव में आवश्यक था या नहीं, लेकिन इस बात पर हम हमेशा खूब हँसते थे।

आंटी से मिलकर हमें बहुत अच्छा लगता था। मैं सुबह के नाश्ते के बाद मेज़ साफ़ करती थी, जबकि शिशिर और आंटी बैठे हुए काफ़ी देर तक बातें किया करते थे। उन्हें भी हमारे साथ आनंद आता था और वह बेहद तनावमुक्त महसूस करती थीं। किचन में मैं और आंटी लगातार बातें किया करते थे। 1950 के दशक में मैं जब उनसे पहली बार मिली थी, तब उन्होंने टिप्पणी की थी, "भगवान का शुक्र है कि कृष्णा बोलती तो है।" उनकी इस टिप्पणी पर मैं थोड़ा चौंकी थी और मुझे लगा था कि मैं शायद कुछ ज़्यादा बोलती हूँ। बाद में किसी ने मुझे बताया था कि दरअसल बात यह थी कि आंटी पहले मेरे पति के एक भाई की पत्नी से मिली थीं, जो थोड़ा अंतर्मुखी थीं और कई बार तो वह बिलकुल चुप लगाए रहती

थीं। ऐसे में मुझे बात करने वाला पाकर वह खुश थीं। उनकी माँ की मृत्यु के बाद जब मैं विएना गई तो वे मुझे उस क़ब्रिस्तान ले गईं, जहाँ उन्हें दफ़नाया गया था। मैंने उनकी क़ब्र पर फूल चढ़ाए थे। वहाँ से वापस घर की ओर आते हुए मैंने उनसे पूछा था कि आंटी अगर आपके माता-पिता एक भारतीय क्रांतिकारी से आपके संबंधों का विरोध करते तो आप क्या करतीं? उन्होंने बिना कोई देर लगाए बेझिझक कहा था, "उस स्थिति में मैं उनकी बात न मानती।"

एक बार आंटी मुझे और शिशिर को अनिता की ससुराल ले गईं। मार्टिन का परिवार विएना से थोड़ा दूर रहता था, जहाँ उनका बड़ा-सा फॉर्महाउस था। वहाँ मार्टिन के पिता हमें अपने आवास के आसपास का प्राकृतिक सौंदर्य दिखाने अपनी कार से ले गए। मार्टिन की माँ ने दोपहर के खाने के लिए बहुत-सी चीज़ें तैयार कीं। उन्होंने अपने दूसरे रिश्तेदारों और दोस्तों को भी बुला लिया था। भोजन के बाद हम लिविंग रूम में बैठे कॉफी पी रहे थे, जब एक मज़ेदार घटना हुई। नेता जी ने उन्हें भारत या ख़ासतौर पर अपने थोड़ा रुढ़िवादी परिवार में स्त्रियों और पुरुषों के सार्वजनिक व्यवहार के संबंध में उन्हें जानकारी दी रही होगी कि वहाँ कैसे दूरियाँ रखी जाती हैं। आंटी ने उस बात में अपनी कल्पना से भी कुछ जोड़ा-घटाया होगा। कॉफी पीने के दौरान अनिता की सास के भाई लगने वाले एक सज्जन मेरे पास आकर सोफे की बाजू पर बैठ गए और मुझसे कुछ बात करने लगे। इस दौरान उन्होंने मेरे कंधे पर हाथ रख दिया। अचानक कमरे में दूसरी ओर से आंटी ज़ोर से चिल्लाईं, "नहीं! नहीं!" इस अचानक शोर से मैं चौंक गई और मेरी कॉफी छलक गई। वह सज्जन भी भौचक रह गए। फिर आंटी ने उन्हें समझाया, "तुम्हें कृष्णा को छूना नहीं चाहिए, उसे केवल उसका पति छू सकता है!" इस पर वह सज्जन बहुत शर्मिंदा हुए और क्षमायाचना करने लगे। मैं कहती रही कि ठीक है, कोई बात नहीं। सामने बैठे शिशिर इस बेबात की बात पर हुए हंगामे को विस्मय से देखते रहे।

हम जब वहाँ से विएना लौट रहे थे तो हमारे सहयात्रियों में एक बड़ा परिवार भी था। उस परिवार में एक व्यक्ति ने काफ़ी शराब पी रखी थी और उसने ज़ोर-ज़ोर से गाना शुरू कर दिया। उसका परिवार उसकी इस हरकत पर लोगों से माफ़ी माँग रहा था और वह बेफ़िक्र होकर गाए जा रहा था। उसके परिजनों ने बताया कि उस दिन उसका जन्मदिन था। कुछ दूसरे सहयात्रियों ने भी कहा कि अरे उसका जन्मदिन है तो गाने दो उसे। मैं नशे में धुत्त शराबियों से हमेशा डरती रही हूँ और उस दिन मैं डरी-सी आंटी के पास दुबक गई। इसके अगले दिन आंटी मुझे और शिशिर को विएना में दर्शनीय स्थलों की ओर ले गईं। देर अपराह्न हम अंगूरों के एक बाग में पहुँचे। मैं एक कप चाय पीना चाहती थी पर मैंने देखा कि वहाँ मेज़ के इर्द-गिर्द बैठे लोगों के सामने बड़े-बड़े मगों में रेड वाइन रखी हुई थी। हमारे साथ द्वितीय विश्वयुद्ध के दौरान बर्लिन के फ्री इंडिया सेंटर में काम कर चुके बालकृष्ण शर्मा और उनकी ऑस्ट्रियाई पत्नी हेला शर्मा भी थीं। वहाँ बैठते हुए मैं झिझक रही थी तो आंटी ने मुझे चिढ़ाया कि, "कृष्णा को डर है कि कहीं वह भी कल बस में मिले आदमी की तरह गाने न लगे।"

एमिली और कृष्णा के साथ बालकृष्ण और हेला शर्मा, विएना में, 1971

एक दिन हमें शर्मा दम्पति ने अपने घर खाने पर बुलाया। श्री शर्मा आज़ाद हिंद रेडियो के मुख्य उद्घोषक थे, जिसका प्रसारण विश्वयुद्ध के दौरान बर्लिन से होता था। युद्धकाल में कलकत्ता में उनके पढ़े समाचार सुन चुके शिशिर ने 1948 में यूरोप में मुलाक़ात होते ही उन्हें पहचान लिया था। मैंने शर्मा जी से आग्रह किया कि वह रेडियो पर जो बोलते थे, वह मुझे भी सुना दें। शांत स्वभाव के शर्मा जी ने काफ़ी आग्रह के बाद बोलना शुरू किया । उन्होंने कुछ लाइनें सुनाईं, "आज़ाद हिंद कालिंग...आज़ाद हिंद कालिंग...टु आर्म्स, टु आर्म्स...।" खाने की मेज़ पर भी हम उन दिनों की बातें करते रहे। आंटी भी उस दिन मूड में थीं और उन्हें भी पुरानी बातें याद आ रही थीं। बातचीत के क्रम में ही उन्हें याद पड़ा कि हवाई दुर्घटना में नेता जी की मृत्यु का समाचार उन्होंने कहाँ और कैसे सुना था। उन्होंने बताया, "मैं रसोईघर में थी। मेरी माँ और मेरी बहन भी वहीं थे। रेडियो चालू था और हम शाम का समाचार सुन रहे थे। मैं साथ ही साथ ऊन का एक गोला सुलझा रही थी। अचानक मैंने सुना कि समाचारवाचिका कह रही थी, 'भारतीय देशद्रोही सुभाष चंद्र बोस की फारमोसा (ताइवान) में एक विमान दुर्घटना में मृत्यु हो गई।' इस समाचार से भौचक मेरी माँ और बहन ने मेरी ओर देखा। मैं धीरे से उठी और कमरे से बाहर निकल गई। बेडरूम में मेरी बेटी गहरी नींद में सो रही थी। मैं घुटनों के बल उसकी चारपाई के बगल में बैठ गई और खूब रोई। अनिता उस समय तीन साल की भी नहीं थी।" ये बातें होते-होते बाहर शाम ढल गई थी। हेला उठीं और उन्होंने परदे खींच दिए।

अकेली माँ के रूप में आंटी का जीवन उनकी बेटी के इर्द-गिर्द ही घूमता रहा। युद्धकाल में और उसके बाद के दिनों में किसी बच्चे का पालन-पोषण आसान नहीं था। आंटी और ओमामा अकसर अपने राशन में मिली चीनी और दूध बच्चे के लिए बचा कर रखती थीं। खाने-पीने की वस्तुओं की उस दौर में कमी थी। मुझे याद है कि दिसम्बर 1959 में मैं जब विएना गई थी तो मेरी बेटी ने काफ़ी अच्छी ड्रेस पहन रखी थी। बातचीत के क्रम में आंटी ने उसकी ड्रेस का कपड़ा छूने के बाद कहा, "अनिता को तो फटे-पुराने

ममत्व भरी मुसकान लिए एमिली बच्ची अनिता के साथ, 1940 के दशक के मध्य में।

एमिली और अनिता का एक मनमोहक चित्र 1940 के दशक के अंत में।

कपड़े ही पहनने को मिल पाते थे।" लगभग 17 साल की हो चुकी अनिता उस समय कमरे में ही थी और उसने तुरंत टिप्पणी की, 'माँ, यह मत भूलो कि मेरे दौर के बच्चे युद्धकाल के बच्चे थे।' विएना जब मित्र राष्ट्रों के क़ब्ज़े में आया तो आंटी जिस इलाके में रहती थीं, वह सोवियत सैनिकों के नियंत्रण में था। सोवियत नियंत्रण वाले क्षेत्रों को सबसे ख़तरनाक क्षेत्र समझा जाता था और वहाँ महिलाओं पर बहुत हमले हुए थे। श्रीमती हेडी फुलॉप-मिलर ने मुझे बताया था कि सोवियत क़ब्ज़े के दौरान उनके आवास पर पड़े एक छापे में नेता जी द्वारा उन्हें लिखे गए पत्रों का बंडल गायब हो गया था। लेकिन आंटी के अनुसार, लाल सेना के जिन अधिकारियों से उनका वास्ता पड़ा, वे अनुशासित और सहृदय थे। उनके क्षेत्र का प्रभारी अधिकारी कभी-कभार उनके अपार्टमेंट में आकर यह भी पूछ लेता था कि बच्चे के लिए किसी चीज़ की ज़रूरत तो नहीं है। वे लोग उनकी यूनिफॉर्म की

छोटी-मोटी मरम्मत या सिलाई जैसे छोटे-छोटे कामों के बदले खाने का सामान भी दे देते थे। एक बार उनके अपार्टमेंट की जाँच के समय एक रूसी सैनिक की गलती से काँच का एक फूलदान गिर कर टूट गया था। इस घटना के कुछ ही समय बाद उन लोगों ने रूस से मँगा कर काँच का एक फूलदान वापस रखा।

नेता जी शोध केंद्र में हम लोगों ने जुटाई हुई सामग्री के सहारे नेता जी पर पहला वृत्तचित्र 1970 में बना लिया था। हमने इसका नाम 'नेता जी इन एक्शन' रखा था। इसके बनने के बाद हम विएना गए तो इसकी एक प्रति ले गए थे। हमारे क़रीबी मित्र रोमेन मुखर्जी और उनकी पत्नी उमा, उन दिनों व्यावसायिक कारणों से विएना में ही थे। आंटी को यह फिल्म दिखाने के लिए विएना के अंतरराष्ट्रीय परमाणु ऊर्जा आयोग के प्रेक्षागृह में फिल्म प्रदर्शन की व्यवस्था उन्होंने ही की थी। इसे देखने जाने से पहले आंटी ने मुझसे कहा था कि वह इसे देखते हुए अगर रोने लगें तो मैं उन्हें ज़ोर से झटक दूँ। बहरहाल, आंटी ने वह फिल्म शांति से देखी। उन्होंने बताया कि उन्होंने 1943-45 के बीच एशिया में नेता जी की गतिविधियों से सम्बंधित कोई फिल्म या उसका अंश नहीं देखा था और इस वृत्तचित्र से उन्हें उस दौर के बारे में ठीक-ठाक अंदाज़ हो गया था। वृत्तचित्र में नेता जी के सैन्य पोशाक में आईएनए के अधिकारियों से मुलाक़ात करने, रैलियों को संबोधित करने, सैन्य परेडों का निरीक्षण करने, बहादुर सैनिकों को पदक देने, हवाई जहाज़ से उतरने आदि के विविध दृश्य थे।

इसके बाद की हमारी विएना यात्राओं में अक्टूबर 1987 में हमें महसूस हुआ कि आंटी की उम्र बढ़ रही है और हम सब अगर उनके पास रुकते हैं तो उन पर बोझ पड़ेगा। हमारा छोटा बेटा सुमंत्र, जो उस समय किशोर था, हमारे साथ ही था। उस यात्रा में मैं और शिशिर तो रोमेन और उमा के साथ रुके लेकिन आंटी ने सुमंत्र को अपने साथ अपने बास्टीयनगासे वाले अपार्टमेंट में ही रखा। आंटी ने इस बात का पूरा ख़याल रखा कि सुमंत्र

शिशिर, कृष्णा और एमिली, विएना में, अक्टूबर 1987

विएना में एमिली, कृष्णा, सुमंत्र और हेला शर्मा, अक्टूबर 1987

उनके साथ खूब आराम से रहते हुए मज़े करे। वे दोनों खाते-पीते देर रात तक बातें करते रहते थे। शिशिर और मैं रोमेन व उमा के घर केवल सोने के लिए जाते थे। हर सुबह हम जल्दी से एक कप कॉफी पीकर आंटी के साथ पूरा दिन बिताने के लिए उनके अपार्टमेंट की ओर निकल लेते थे। किसी दिन पहुँचने में ज़रा भी देर होती तो आंटी फोन करने लगती थीं।

विवाह के बाद अनिता और मार्टिन उच्चशिक्षा और काम के लिए पहले अमेरिका चले गए थे। वहाँ से लौट कर वे जर्मनी के बवेरिया प्रांत में ऑग्सबर्ग के बाहरी इलाके में स्थित अपने घर पर रहने लगे थे। आंटी विएना में अकेले रहती थीं और मुझे लगता है कि उन्हें हमारे आने का बेसब्री से इंतज़ार रहता था। हम एक बार विएना गए थे तो बातचीत में आंटी ने कहा था कि उन्हें यह बात अच्छी तरह पता थी कि स्वतंत्र भारत की सरकारों ने भारत की स्वतंत्रता में नेता जी के महान योगदान की जानबूझकर उपेक्षा की है या उसे कम महत्व का साबित किया है। उन्होंने हाथ से नीचे गिराने का इशारा करते हुए कहा था, "वे तुम्हारे अंकल के साथ ऐसा करते हैं।" लेकिन, इसी के साथ उन्हें यह भी खूब पता था कि भारत ही नहीं, पूरे उपमहाद्वीप में लोग उन्हें अत्यंत श्रद्धा और प्रेम से याद करते हैं। उन्हें इस बात का फ़ख़्र था।

एक बार कलकत्ता में किसी अज्ञात व्यक्ति ने हम लोगों, ख़ासकर मेरे और शिशिर, के साथ बहुत आपराधिक क़िस्म की हरकत की थी। वह 15 अगस्त का दिन था। मैं और शिशिर कलकत्ता राजभवन के आधिकारिक समारोह से होकर घर वापस पहुँचे ही थे कि हमारे 90, शरत बोस रोड वाले आवास पर टेलीफोन की घंटी बज उठी। शिशिर ने फोन उठाया और उधर से जो कुछ कहा गया उसे सुन कर पीले पड़ गए। धीमी आवाज़ में उन्होंने कहा, 'नहीं, नहीं। अभी हमारे पास इस बारे में कोई जानकारी नहीं है।' फोन रिसीवर को क्रैडल पर रख कर वह बगल में पड़ी कुरसी पर ढह से गए। उनकी स्थिति देख कर मैं घबराई और मैंने पूछा, 'क्या हुआ?' शिशिर ने बताया कि *आनंद बाजार पत्रिका* का कोई उनका जानने वाला पत्रकार था।

उसने फोन पर बताया था कि रायटर्स ने समाचार ज़ारी किया है कि आंटी की मृत्यु हो गई है। हमें नहीं पता था कि वह बीमार थीं या उन्हें कोई समस्या थी। इस सूचना से शिशिर इतने सदमे में थे कि उन्होंने फोन करने वाले से और ज़्यादा मालूमात नहीं की थी। इसके बाद शिशिर अप्रत्याशित रूप से रोने लगे और कहते रहे कि वह उनके लिए दूसरी माँ जैसी थीं।

यह 1980 के दशक के शुरुआती सालों की बात है। उन दिनों विदेश फोन करना बहुत कठिन होता था। इन कॉलों को पहले से बुक किया जाना होता था– तीन या छह मिनट के लिए। मैंने तुरंत दो कॉल बुक किए। पहली विएना में आंटी के बास्टीयनगासे अपार्टमेंट वाले नम्बर पर और दूसरी बड़े बेटे सुगात को, जो उन दिनों कैम्ब्रिज, इंगलैंड में शोधछात्र था। कुछ समय के बाद सुगात का नम्बर मिल गया। उसकी आवाज़ सुनी तो मेरी भी रुलाई फूट पड़ी। इससे सुगात बेहद चौंक गया। मैंने उससे कहा कि वह पहली उड़ान से विएना पहुँचे। उसने मुझे धीरज बँधाया कि मैं शांत रहूँ और वह ऐसा ही करेगा। सुगात से बात खतम हुई कि विएना वाला नम्बर मिल गया। उसे उठाते ही मुझे उधर से आंटी की आवाज़ सुनाई पड़ी, "हेलो, कृष्णा!"

जब मैंने उन्हें उनकी मृत्यु की सूचना के बारे में बताया तो उन्होंने पूछा, "...और उन लोगों ने मेरी मौत की वजह क्या बताई?" इसी बीच सुगात का फोन आया। उसने रायटर्स से बात की थी और उन लोगों ने ऐसी कोई ख़बर नहीं ज़ारी की थी। इसके बाद मैंने *आनंद बाजार पत्रिका* को फोन लगाने की कोशिश की। लेकिन, उधर से फोन उठा ही नहीं। तनाव में मैं भूल गई थी कि स्वतंत्रता दिवस पर अख़बार के दफ्तर में भी छुट्टी थी। बाद में जिस पत्रकार के नाम से अज्ञात व्यक्ति ने फोन किया था, उसे इस बात की बड़ी हैरत हुई कि यह भद्दा मज़ाक आख़िर उसके नाम से क्यों किया गया!

अनिता और मार्टिन अमेरिका से सत्तर के दशक के मध्य में वापस आए और उन लोगों ने जर्मनी में रहना तय किया। उन्होंने बवेरिया प्रांत के

ऐतिहासिक शहर ऑग्सबर्ग के बाहरी इलाके में स्टाडबर्गन में अपना घर बनाया। वे दोनों ही शिक्षा के पेशे में गए और ऑग्सबर्ग विश्वविद्यालय में अर्थशास्त्र पढ़ाने लगे थे।

अनिता और मार्टिन की बात चली है तो याद आया कि जब अनिता ने आंटी को बताया कि उसने और मार्टिन ने विवाह करने का फ़ैसला किया है तो आंटी बहुत दुखी हुई थीं। उन्होंने मुझसे और शिशिर से कहा कि उन्हें नहीं लगता कि अनिता के लिए मार्टिन ठीक लड़का होगा। हमारे लिए इतनी दूर से उनकी राय पर कोई टिप्पणी कर पाना कठिन था। मुश्किल की बात यह थी कि अनिता ही आंटी की पूरी दुनिया थी। अनिता ने मुझे पहले भी बताया था कि वह अगर किसी से दोस्ती भी करती है तो उसकी माँ को बुरा लगता है और वह उस व्यक्ति में कोई न कोई दोष निकाल लेती हैं। मार्टिन के मामले में आंटी का मानना था कि उसका परिवार पर्याप्त पढ़ी-लिखी पृष्ठभूमि का नहीं था। उन्होंने इस बात पर भी ज़ोर दिया कि मार्टिन को पहले अपनी पीएच.डी. पूरी करनी चाहिए। बहरहाल, बाद में उनका विरोध कम हो गया और अनिता तथा मार्टिन ने 1965 में विवाह कर लिया। नेता जी के छोटे भाई शैलेश चंद्र बोस का एक बेटा अर्धेंदु उस समय यूरोप में ही था और उसने इस विवाह में भाग लिया था।

विवाह के बाद अनिता और मार्टिन समुद्री जहाज़ से अमेरिका के लिए निकले। अनिता ने उसी जहाज़ से मुझे कई लंबे-लंबे पत्र लिखे। इन पत्रों में वह मुझे बताती थी कि मार्टिन कितना भला आदमी है। अपने माता-पिता के उलट अनिता पत्र लिखने में बहुत रुचि नहीं लेती थी। उसे टेलीफोन पर बात करना या फिर बाद के दिनों में छोटे-छोटे ई-मेल भेजने की आदत थी। बस, उस जहाज़ से ही उसने मुझे सबसे लंबे पत्र लिखे थे। मार्टिन आगे चल कर न केवल प्रोफेसर बना बल्कि 1990 में वह वाम झुकाव वाली पार्टी सोशल डेमोक्रैटिक पार्टी (एसडीपी) के सदस्य के रूप में जर्मन संसद *(बुंदेस्टैग)* का सदस्य भी बना और लगभग एक दशक तक संसद सदस्य

रहा। मैं 1996 में लोकसभा के लिए चुनी गई थी। लगातार तीन चुनावों में जीतने के बाद मुझे 1999 मैं विदेशी मामलों पर संसद की स्थायी समिति की अध्यक्ष बनी और 2004 तक मैंने इस रूप में सेवाएँ दीं। आधिकारिक बैठकों में नई दिल्ली और बर्लिन दोनों जगह हमारी मुलाक़ातें संसद सदस्यों के रूप में होती थीं। निजी क्षणों में मार्टिन मज़ाक करता था कि जब वह आधिकारिक बैठकों में मुझे 'मैडम चेयरपर्सन' कहता था तो मैं उसका मुँह देखते रह जाती थी।

अनिता और मार्टिन ने अपने विवाह की 50वीं वर्षगाँठ 2015 में मनाई।

अपने आख़िरी सालों में आंटी विएना से ऑग्सबर्ग जाकर अनिता के परिवार के साथ रहने लगी थीं। इससे उन्हें अपनी बेटी अनिता, दामाद मार्टिन और तीन नाती-नातिनियों के साथ काफ़ी समय बिताने का मौका मिला। हम उनसे मिलने के लिए ऑग्सबर्ग नियमित रूप से जाते थे। जब आंटी परनानी बनीं तो एक दिन अनिता की बेटी के बेटे निको को मैं और आंटी अनिता के घर के बड़े से रसोईघर के फ़र्श पर घुटनों चलते देख रहे थे। उस समय आंटी ने मुझसे कहा, "कृष्णा, अब तक मुझे लगता था कि मैं जीवन में रुचि खो चुकी हूँ और मुझे लगता था कि अब चलने का वक़्त आ गया है। लेकिन, इस बच्चे को देखने के बाद मुझमें अब और कुछ दिन जीने और इसे बड़ा होते देखने की इच्छा पैदा हो गई है।" आंटी के रहते हुए अनिता का घर किसी भारतीय संयुक्त परिवार जैसा ही लगता था, जिसमें चार पीढ़ियाँ एक साथ रहती थीं।

लेकिन, आंटी की उम्र तो बढ़ ही रही थी। वह चलने-फिरने के लिए स्ट्रॉलर का सहारा लेती थीं। उन्हें घुटनों की तकलीफ़ थी। हालाँकि बाद में, यह तकलीफ़ मुझे भी हुई, लेकिन मैंने घुटने का प्रत्यारोपण करवा लिया था, जिससे मुझे चलने-फिरने में परेशानी का सामना नहीं करना पड़ा। अनिता आंटी का बहुत ध्यान रखती थी। अनिता के साथ ऑग्सबर्ग जाने के पहले ज़िद की हद तक आत्मनिर्भर रहने वाली आंटी विएना में तब तक रहीं,

बेटी (अनिता) को समर्पित माँ (एमिली), 1950 के दशक के आरंभ में।

कलकत्ता हवाई अड्डे पर अनिता और मार्टिन का स्वागत करते शिशिर, अगस्त 1979

कलकत्ता हवाई अड्डे पर अनिता और शिशिर, अगस्त 1979

स्टाडबर्गन, ऑग्सबर्ग स्थित घर में एमिली, अनिता और अनिता की बेटी माया, जून 1994

जब तक ऐसा करना संभव था। मैं जब भी कलकत्ता से फोन करती, आंटी मुझसे कहतीं कि मैं कोई चिंता न करूँ। वह बताती थीं कि उन्हीं की उम्र की उनकी दो दोस्त हैं और वे तीनों सुबह-सुबह एक-दूसरे का हाल-चाल ले लेती थीं कि कोई दिक़्क़त वाली बात तो नहीं है। लेकिन, एक सुबह वह गिर पड़ीं और उनके लिए टेलीफोन तक पहुँचना भी मुश्किल हो गया था। बाद में उन्हें अस्पताल पहुँचाया गया और अनिता को टेलीफोन किया गया।इस घटनाक्रम के बाद आंटी अंततः समझ गईं कि उनके लिए अकेले रहना अब और संभव नहीं था।

सन 1995 में प्रधानमंत्री नरसिंहराव ने अपने विदेशमंत्री प्रणव मुखर्जी को आंटी और अनिता से मिलने के लिए ऑग्सबर्ग भेजा था। नरसिंहराव चाहते थे कि जापान के रेन्कोजी मंदिर में 1945 से रखे हुए नेता जी के अवशेष भारत लाकर दिल्ली में किसी उचित स्थान पर रखे जाएँ। प्रधानमंत्री इसके लिए तीन लोगों की सहमति चाहते थे– नेता जी की पत्नी, बेटी और शिशिर की। शिशिर और अनिता पहले से ही इस पक्ष में थे। श्री मुखर्जी जब आंटी से मिलने गए तो उन्होंने भी इस बारे में अपनी सहमति प्रदान कर दी। भले दिमाग़ यह जानता था कि ऐसा होना संभव नहीं है, फिर भी बहुत सालों तक आंटी अपने मन में उम्मीद की एक किरण सँजोए रही थीं कि उनके पति वापस आ सकते हैं। उन्होंने नेता जी की एक आयरिश मित्र और भारतीय स्वतंत्रता सेनानी श्रीमती ई. वुड्स को द्वितीय विश्वयुद्ध समाप्त होने के बाद एक पत्र लिखा था कि, "उन्हें पता था कि सुभाष अब इस दुनिया में नहीं हैं। फिर भी, उनका हृदय नेता जी को पा लेने की कामना से मुक्त नहीं हुआ था।" जनवरी 1946 में श्रीमती वुड्स को लिखे पत्र में आंटी एमिली ने लिखा, "प्रिय, आपने जो बात नेता जी के बारे में कही है, उस पर मुझे दुख है कि मैं आपके विचारों के साथ सहमत नहीं हो सकती। मुझे लगता है कि उनकी मृत्यु हो चुकी है। यह बात अगर सच न हो तो, मुझसे ज़्यादा खुश कोई और नहीं होगा। मैंने जब उस घटना (हवाई दुर्घटना) के बारे में सुना तो मुझे ऐसा झटका लगा कि हफ्तों तक मैं भावशून्य स्थिति में किसी मशीन की तरह घर

और दफ़्तर की ज़िम्मेदारियों का निर्वाह भर करती रही। केवल छोटी-सी अनिता की मौजूदगी ही उस स्थिति में मुझे सांत्वना देती थी।"

वास्तव में शिशिर भी 1960 के दशक के मध्य तक नाउम्मीदियों के बीच उम्मीद पाले रहे थे कि उनके चाचाजी कभी चमत्कारी ढंग से प्रकट हो सकते हैं। 1965 में ताइवान और जापान जाकर उस 18 अगस्त 1945 को ताइपेई में हुई उस दुर्घटना के बारे में अपने स्तर पर जाँच-पड़ताल और उस दुर्घटना में जीवित बचे लोगों और प्रत्यक्षदर्शियों से लंबी बातचीत कर लेने के बाद ही शिशिर अपने आप को विश्वास दिला सके थे कि दुर्घटना में लगी गंभीर चोटों के कारण उनके चाचाजी की मृत्यु हो गई थी। नेता जी के जन्म शताब्दी वर्ष 1996 के अगस्त महीने में नेता जी के भौतिक अवशेषों को भारत लाने की प्रधानमंत्री नरसिंहराव की योजना भी पूरी नहीं हो सकी। योजना पर अमल होने के पहले ही आम चुनाव में नरसिंहराव हार गए थे।

अंतिम समय

वह 1996 का वर्ष था। नेता जी की जन्मशताब्दी निकट थी। कलकत्ता स्थित नेता जी शोध केंद्र में हमने तय किया था कि 23 जनवरी 1996 को हम जन्मशती समारोह का उद्घाटन करेंगे और पूरे साल कार्यक्रम चलाने के बाद 23 जनवरी 1997 को इसका समापन किया जाएगा।

अनिता और मार्टिन ने नेता जी के इस समारोह में भाग लेने का मन बनाया था। मैं अपने– 90 शरत बोस रोड– वाले आवास पर उन दोनों के लिए कमरा तैयार करवा रही थी, जब मुझे मार्टिन का फोन आया कि उन लोगों ने यात्रा रद्द कर दी थी। अनिता को अस्पताल में भर्ती करवाने की वजह से यात्रा रद्द हुई थी।

हमें मालूम था कि अनिता पर काम के बोझ की वजह से उसकी तबीयत बिगड़ गई होगी। जितने समय तक अनिता और मार्टिन यहाँ भारत में रहते,

स्टाडबर्गन, ऑग्सबर्ग में एमिली और कृष्णा एक प्रसन्न मुद्रा में, जून 1994

तब तक के लिए आंटी को एक नर्सिंग होम में भर्ती करवाना पड़ा था। इसके बाद अनिता यहाँ आने की तैयारी में लगी थी। उसे यहाँ आने पर हर बार पूरे परिवार के लिए ढेरों उपहार लाने की आदत थी। ज़ाहिर है, इन सारे कामों के दौरान उसने अपना ख़याल नहीं रखा होगा।

मार्टिन ने बताया था कि वे लोग फ्रैंकफर्ट हवाई अड्डे के लिए ट्रेन पकड़ने के लिए ऑग्सबर्ग रेलवे स्टेशन पर थे। अनिता उससे कुछ कदम आगे चल रही थी, जब वह प्लेटफॉर्म पर ही धड़ाम से गिर पड़ी। उसके गिरने की वजह केवल थकान नहीं थी। डॉक्टरों ने उसके दिमाग़ में एक ट्यूमर का पता लगाया था, जिसकी शल्यक्रिया की जानी ज़रूरी थी। इसी दौरान नर्सिंग होम में आंटी बीमार हो गईं। अनिता के अचानक बीमार होने से भी उन्हें बहुत धक्का लगा था। अनिता की बीमारी के दौरान लगभग सारे समय मार्टिन उसी की देखभाल में लगा रहा। आंटी के स्वास्थ्य के बारे में मुझे अनिता की बेटी माया से जानकारी मिलती थी।

मैंने एक दिन आंटी को उनके नर्सिंग होम में फोन किया तो उनकी आवाज़ बहुत बुझी-सी और दुखी लगी। उन्होंने मेरी आवाज़ सुनी तो बोलीं, "कृष्णा, तुम्हें धन्यवाद।" मैं समझ नहीं पाई। मैंने पूछा, "किस बात का धन्यवाद?" यह बोलते हुए मैं सोच भी रही थी कि मैंने पिछले कुछ दिनों में आंटी को कोई उपहार तो नहीं भेजा है। मेरी आदत हो गई थी कि कोई परिचित यूरोप जा रहा होता था तो मैं उसके हाथ आंटी के लिए उनकी पसंद की भारतीय चीज़ें भेज देती थी। लेकिन उस बातचीत के कुछ दिनों पहले कुछ भी भेजना मुझे याद नहीं पड़ रहा था।

फिर मैंने पूछा, "आप अनिता के लिए परेशान हैं? चिंता न करिए, वह जल्दी ही ठीक होकर घर चली जाएगी।" इस पर उन्होंने बहुत निराश भाव से उत्तर दिया, "मैं भी यही उम्मीद करती हूँ।" इसके बाद वह फिर बोलीं, "मैं तुम्हारा और शिशिर का हर उस बात के लिए धन्यवाद करना चाहती हूँ, जो तुम लोगों ने मेरे लिए किया है।" यह सुनते हुए मेरा दिल बैठने लगा। मैंने कहा, "आंटी, मैं और शिशिर जल्दी ही ऑग्सबर्ग आकर आपसे मिलेंगे।"

उन्होंने फिर भी दोहराया, "तुम लोगों ने जो कुछ भी किया, उन सभी के लिए तुम्हें धन्यवाद।"

उनके साथ यह मेरा आख़िरी संवाद था। उनके शब्दों ने मुझे झकझोर दिया था। दरअसल, एक संघर्षपूर्ण जीवन व्यतीत करने के लिए धन्यवाद की पात्र तो वह स्वयं थीं। उन्होंने कभी अपनी गरिमा के साथ कोई समझौता नहीं किया। सही मायनों में, एमिली शेंकल नेता जी की सच्ची *सहधर्मिणी* थीं। सच कहूँ तो मैं अपनी आंटी के प्रति हमेशा ऋणी रहूँगी कि 45 वर्षों से भी अधिक समय तक उन्होंने मेरे प्रति स्नेहिल भाव बनाए रखा। इन वर्षों में उन्होंने नेता जी के जीवन और कार्यों को स्वतंत्र भारत में पैदा होने वाली पीढ़ियों के लिए अनमोल थाती के रूप में संरक्षित करने के शिशिर के मिशन को निरंतर अपना समर्थन दिया।

नेता जी भवन, कलकत्ता में एमिली शेंकल के लिए आयोजित श्रद्धांजलि सभा में बोलते हुए शिशिर बोस, मार्च 1996

आंटी एमिली की मार्च 1996 में मृत्यु हो गई। शिशिर का स्वास्थ्य ख़राब चल रहा था इसलिए वह आंटी के अंतिम संस्कार में भाग लेने जर्मनी नहीं जा सके। मेरा बड़ा बेटा सुगात इस मौके पर ऑग्सबर्ग पहुँचा था। मेरी ननद रोमा भी वहाँ मौजूद थी। भारत सरकार ने इस मौके पर अपने एक मंत्री को अंतिम संस्कार में भाग लेने भेजा था। *आनंद बाजार पत्रिका* ने मुझसे उनकी मृत्यु पर शोक-संदेश माँगा। इस पर मैंने लिखा कि, "मैं उनकी मृत्यु का दुख नहीं मनाऊँगी, क्योंकि यह उनके प्रियतम से उनके लंबे *विरह* का अंत है।"

आभार

बहुत लंबे समय से मैं यह महसूस करती थी कि आंटी एमिली और सुभाष चंद्र बोस से उनके संबंध के बारे में मुझे लिखना चाहिए। मैंने 1970 के दशक से उन पर कई आलेख लिखे थे; उन्होंने उनमें से कुछ पढ़े और अन्य के बारे में उन्हें जानकारी थी। लेकिन 1996 में बांग्ला समाचार-पत्र *आनंद बाजार पत्रिका* के लिए उनके बारे में शोक-संदेश लिखते समय यह बात मेरे मन में गहराई से बैठी कि मुझे उनके जीवन के बारे में ज़्यादा गहराई और विवरण के साथ लिखना चाहिए। इतिहास के पन्नों में अपना उचित स्थान न पा सकने वाली स्त्रियों के लिए रवींद्रनाथ टैगोर एक ख़ास पद– *इतिहासेर उपेक्षिता*– इतिहास की उपेक्षिता का इस्तेमाल करते थे। मुझे लगा कि भारत की स्वतंत्रता और उसके भविष्य के लिए आंटी एमिली के मूक योगदान और बलिदान की कथा अनसुनी नहीं रह जानी चाहिए।

मैंने अपने मन की बात बड़े बेटे इतिहासकार सुगात को बताई, तो उसने तुरंत इसके लिए सहमति जताई और मुझे लिखना शुरू करने के लिए कहा। लेकिन मैं ऐसा कर नहीं सकी। आगे के सालों में मैंने कई दूसरी पुस्तकें पूरी कीं। इनमें मेरे पति शिशिर की मृत्यु के बाद उनके साथ बिताए जीवन के 45 वर्षों के संस्मरण *जे तारनिखानी* (बांग्ला, 2001), राजनीतिज्ञ और सांसद के रूप में मेरे अनुभवों का विवरण *एन आउटसाइडर इन पॉलिटिक्स* (2008) और इसका बंगाली संस्करण *पार्लियामेंटेर अंदरमहले* (2009) और औपनिवेशिक काल के आख़िरी वर्षों तथा स्वतंत्रता प्राप्ति के आरंभिक वर्षों में बिताए बचपन और युवावस्था के वर्षों की कथा *लॉस्ट ऐड्रेसेज : ए मेमॉयर ऑफ इंडिया, 1934-55* (2015) आदि थीं। इस दौरान मैं मन ही मन लगातार आंटी एमिली के बारे में पुस्तक लिखने के बारे में सोचती रही।

अंततः मैंने 2015 की गरमियों में अपने बेटे सुमंत्र के पास लंदन में रहते हुए चार सप्ताह में यह पुस्तक लिखी। इसे लिखने के पहले तक एक छोटे से निबंध से लेकर पुस्तकों तक सभी कुछ हमेशा मैंने हाथ से लिखा था। पहली बार मैंने इसकी पांडुलिपि लैपटॉप पर तैयार की। इस दौरान लेखक एवं विख्यात राजनीति विज्ञानी सुमंत्र मुझे प्रोत्साहित करता रहा।

कोलकाता स्थित नेता जी शोध केंद्र के कर्मचारियों– कार्तिक चक्रबर्ती, मनोहर मंडल, सुखमय चौधरी, अनिर्बान भट्टाचार्जी और अनिर्बान चटर्जी– ने इस दौरान मुझे संसाधनों से संबंधित सहयोग प्रदान किया। मेरे 90, शरत बोस रोड स्थित घर की देखभाल की ज़िम्मेदारी हमेशा की तरह अमला सिंह और राखाहारी महतो पर रही।

इस पुस्तक में प्रयुक्त 1950 और उससे आगे के फोटोग्राफ्स पारिवारिक एल्बमों से लिए गए हैं, जबकि अन्य फोटोग्राफ्स नेता जी शोधकेंद्र के संग्रहालय से लिए गए हैं।

नियोगी बुक्स के सभी लोगों, ख़ासतौर पर टुलटुल नियोगी और सुचरिता घोष को भी मेरा हार्दिक धन्यवाद।

–कृष्णा बोस